SPEAKEASY

地下酒吧的前世今生

中国摄影出版传媒有限责任公司
China Photographic Publishing & Media Co., Ltd.
CP 中国摄影出版社

Cristal
de Roche

SPEAKEASY

地下酒吧的前世今生

[意] 莫里吉奥·马埃斯特雷利 著
左燕茹 译

目录

贵族体验

“我卖酒的时候，人们说这是非法的；当我的顾客在湖滨大道（Lake Shore Drive）用酒待客时，却被看作热情好客。”

——阿尔·卡彭（Al Capone），黑帮教父

位于华盛顿的美国国会批准了《第二十一次宪法修正案》（*The Twenty-first Amendment*）后，禁酒令终于结束，这一消息是在1933年12月5日下午传到旧金山（San Francisco）的。下午2点31分，这座“海湾之城”（City by the Bay）的渡轮大厦（Ferry Building）楼顶上汽笛长鸣，随后14辆卡车沿着市场街（Market Street）列队行进，然后停在市政厅前，用车厢中成箱的加州葡萄酒和杜松子酒来向意大利裔市长安吉洛·罗西（Angelo Rossi）表达敬意。

据说，当富兰克林·德拉诺·罗斯福总统（President Franklin Delano Roosevelt）在白宫总统办公室签署这一历史性法案时，他说：“我觉得这会儿要是能来杯啤酒就太好了。”迎接抵达洛杉矶（Los Angeles）港口的大批酒精饮料的人群和游行乐队给人们留下了深刻印象。禁酒令禁止酒类的生产、销售和消费长达13年之久，禁酒令宣布解除后，人们就像庆祝“解放日”一样举行了大规模的庆祝活动。

今天，“禁酒令”这个词让人不禁想起《铁面无私》中，罗伯特·德尼罗（Robert De Niro）饰演的阿尔·卡彭（Al Capone ）和凯文·科斯特纳（Kevin Costner）饰演的清正廉洁的艾略特·尼斯（Elliot Ness）。塞尔吉奥·里昂执导的代表作《美国往事》，以及2010年上映的电视剧《大西洋帝国》（*Boardwalk Empire*），也都将故事场景设置在20世纪20年代的大西洋城（Atlantic City）。禁酒时期也频频出现在文学作品中。许多小说的

第10—11页图：芝加哥欢庆禁酒令的取缔。

对页图：禁酒时期标志着非法的秘密酒吧的诞生，它们就是后来闻名遐迩的“地下酒吧”的前身。仅在纽约就有3万多家地下酒吧，其中许多酒吧已不再像人们想象中那样“神秘”了。

THIS WAY TO
SPEAKEASY

故事背景都设置在禁酒时期，从弗朗西斯·司各特·菲茨杰拉德（Francis Scott Fitzgerald）的《了不起的盖茨比》（*Great Gatsby*），到马里奥·普佐（Mario Puzo）的《教父》（*The Godfather*）。这些年来，禁酒时期弥漫着一丝浪漫气息，那些非法饮酒的人被描绘成具有冒险精神的叛逆者。但禁酒时期所涉及的远不止这些，并且在许多方面与小说和电影中描绘的样子大相径庭。然而，在一个有着崇尚个人主义的传统的自由国度，怎么会颁布并实施如此严重侵犯个人权利的法案呢？要回答这个问题，我们得先回顾一下美国的历史。

多年以来，酒在美国社会中始终占有重要地位。酒的历史可以追溯到 1620 年，当时清教徒乘坐“五月花”号从英国扬帆起航，并最终在今天的马萨诸塞州（Massachusetts）海岸登陆。“五月花”船舱里装载了 42 吨啤酒和 10000 加仑葡萄酒，当然也少不了利口酒（liqueurs）和蒸馏酒（distilled spirits）。这个国家的缔造者中也有不少酷爱饮酒的人。乔治·华盛顿（George Washington）在自己的乡村庄园里蒸馏制作威士忌，用他自己的话来说，没有什么比“一杯葡萄酒加块羊肉”更让人快乐的事了。托马斯·杰斐逊（Thomas Jefferson）也在弗吉尼亚州（Virginia）种植葡萄，他自己的酒窖里存放着 20000 多瓶法国葡萄酒。酒馆在美国早期扮演的重要社会角色也佐证了那时候饮酒是日常生活的一部分。酒馆是人们进行日常社交活动的场所，许多改变这个国家历史的政治会议也在这里召开。事实上，杰斐逊正是在费城的“印度皇后”酒馆（Indian Queen Tavern）起草了《独立宣言》（*The Declaration of Independence*），当时桌上就放着一杯马德拉酒（Madeira）。然而，这并不意味着那时候的人们饮酒无度或不受管制。17 世纪时，英国的殖民地已经开始采取措施限制过量饮酒。酒馆的营业和歇业时间也有法可依，向醉酒顾客售酒的店主和饮酒过度的顾客都会依法被处以罚款。即使在华盛顿和杰斐逊时代，也已有人对饮酒提出了严厉批评。本杰明·拉什（Benjamin Rush）是宾夕法尼亚大学（Pennsylvania University）的医学教授，也是《独立宣言》的签发人之一。他从 1774 年开始告诫人们酒精的危害，10 年后他又撰文陈述过量饮酒的危害。他的观点得到了其他杰出人士，特别是一些宗教领袖的认可并被发扬光大。在此仅举一例：1786 年，新英格兰（New England）的贵格会教会禁止其所有成员饮用蒸馏酒，这开启了禁酒时期前漫长的“戒酒时代”（Temperance Era），戒酒即意味着人们要远离酒。在整个19世纪的美国社会，“戒酒运动”（Temperance Movement）所倡导的改革呼声越来越高，进展缓慢却步伐坚定。其支持者包括宗教派系和妇女联盟，以及制造商和工业协会等组织。

19世纪美国发生的社会和经济变革加快了这种改革的步伐。事实上，来自意大利、爱尔兰、希腊、葡萄牙和波兰的移民潮是造成这个年轻国度社会局势紧张的主要根源。移民带来的新风俗、新传统和不同的宗教（其中大部分是天主教）给社会带来了重重危机。饮酒是许多移民文化的重要组成部分，而本土主义者（Nativist）则以此来与新移民保持距离。在他们眼中，新移民怯懦胆小、缺乏自信，他们每天光顾酒馆的行为违背礼节，该受谴责。在众多教派中，新教教会（The Protestant Church）是最先严厉谴责制酒和酗酒的教会之一。“第二次大觉醒运动”（The Second Great Awakening）时期的福音派基督徒（Evangelical Christians）认为饮酒是“一种邪恶的力量，它不仅毁灭个体，还会削弱整个社会”，福音传教士莱曼·比彻（Lyman Beecher）在布道中讲到，饮酒是“导致国家灭亡的罪恶之源”。

这种观点在19世纪20年代逐渐流行，并最终促成了“戒酒运动”的产生。戒酒运动是各种戒酒团体的大联盟，最早的是1789年康涅狄格州（Connecticut）成立的美国禁酒联盟（The United States Temperance Union），还有1826年在波士顿（Boston）成立的美国禁酒协会（The American Temperance Society），该协会10年后拥有近100万会众，其中半数也是戒酒者组织“华盛顿人”（Washingtonians）的成员。该组织的成员多来自城区的工人阶层，但后来迅速遍及全国。

禁酒运动的影响很快就显现出来了。1830—1845年，人均酒类消费量急剧下降，1851年缅因州（Maine）成为第一个禁止酒类销售和在公共场所饮酒的州。随后不久，其他13个州也纷纷效仿。

1861年美国内战爆发后，这项禁令被搁置。有些原先支持禁酒的州也改变了态度。但是内战结束后，禁酒运动迅速恢复并且势头更盛。在参与禁酒运动的组织中，1873年在俄亥俄

人们很快就发现，禁酒令本身并没有解决，反而加剧了酗酒问题，并且带来了一些新的问题。仅就纽约而言，禁酒令实施之前只有 15,000 家酒吧，现在反而增加至近 32,000 家地下酒吧。禁酒令颁布 7 年后，因饮用利口酒和烈性酒致死者达到了数万人。自制烈酒导致失明和瘫痪的案例越来越多，禁酒令支持者们认为本该降低的犯罪率实际上却在上升。在地方警察、政客甚至联邦探员中蔓延的腐败现象致使入室盗窃案增加了 13.2%，谋杀案增加了 16.1%，抢劫案竟然增加了 83.3%，简直令人难以置信。最后，也是很重要的一点，政府很快意识到关闭酒吧和酿酒厂意味着损失了大量财政收入。研究表明，禁酒期间全国收入损失约 110 亿美元，而禁酒令的贯彻落实成本估计约 3 亿美元。鉴于此，推动禁酒令实施的浪潮

上图：不同酒吧的会员卡。

对页图：地下酒吧入口。地下酒吧利用猫眼观察来访顾客，以决定是否允许他们入内。

开始消退。正如为了推动禁酒令而成立各种协会一样，要求废除禁酒令的男性协会和妇女组织也开始出现。一些支持禁酒令的权威人士也改变了主意。1929 年的经济大萧条给美国社会带来了严重后果，与酒类相关的各种行业的就业岗位显得尤为重要。在这种情况下，风向开始转变。民主党一直对禁酒令持漠不关心的态度，但其保证废除禁酒令的誓言却成为富兰克林·德拉诺·罗斯福 1932 年竞选时最坚定的承诺之一。罗斯福当选后，禁酒令也就走到了尽头。废除《第十八次宪法修正案》中的禁酒令并非易事，必须有 3/4 的州投赞成票方可通过。然而，

上图：禁酒令并没有完全杜绝酒在市场上的流通。
在上流社会人士经常出没的地方和餐馆，人们总是表现出一定的宽容，
也许是因为政府官员和政客经常光顾的缘故吧。

1933 年 12 月 5 日，废除禁酒令的《第二十一次宪法修正案》在犹他州（Utah）顺利通过。在废除禁酒令的同时，该法案也赋予了各州政府对酒类流通进行独立立法的权力。有些州选择继续支持禁酒令，但对绝大多数美国人来说，1933 年 12 月 5 日标志着可以合法生产、运输、销售和饮用酒了。《第二十一次宪法修正案》实际上宣布了禁酒令法案的失败。禁酒令终结了一个时代，也由此诞生了美国历史上令人难以置信的 13 年时光和充满传奇色彩的地下酒吧。

上图：1932 年，美国纽约东区一家地下酒吧内。
由于许多秘密酒吧由犯罪组织操控，因此禁酒令也与黑帮时代密切相关。

有聊胜于无

“据说英国人不吃晚饭就啥也干不好，我敢说美国人不喝点酒也是啥也干不成。”

——弗雷德里克·马里亚特（Frederick Marryat），

《美国日记》（*Diary in America*），1839 年

20 世纪 20 年代的美国演员、喜剧家威尔·罗杰斯（Will Rogers）有句话说得好：“禁酒总比没酒好。”这句话从酒和哲学两个方面极为中肯地总结了禁酒时期的时代精神。

《第十八次宪法修正案》和《沃尔斯泰德法案》禁止饮酒，但如果认为美国人会因此而停止饮酒的话，那就大错特错了。在禁酒令刚实施的几年中，其荒谬和可笑性就已显露无遗。

的确，人均饮酒量大大减少，在 20 年代初期尤为明显，然而，犯罪组织控制下的非法制酒和售酒生意红火也是事实。为了找到一个能喝酒又不被警察发现的地方，各种招数也是层出不穷。

禁酒令的影响之一是进一步加剧了社会的不平等现象。有钱人巧妙地规避禁令：或者在禁酒令实施之前大量买酒储备，或者是去往合法售酒的国家旅行。加拿大、墨西哥和加勒比地区首次出现游客爆满现象，这些地方的受欢迎程度显著增加。对于那些能负担得起费用的人来说，越过边境到加拿大去喝上一两杯酒已是家常便饭。古巴（Cuba）离佛罗里达（Florida）只有 140 公里，乘摩托艇很容易到达，而哈瓦那（Havana）则很快获得了“加勒比海的小巴黎”（Paris of the Caribbean）的美誉。泛美航空公司（Pan Am Airlines）也从“去古巴度周末”中发现了巨大商机，马上组织开设基韦斯特（Key West）和哈瓦那之间的直飞航班。据估计，1921 年大约有 27.5 万名乘客定期飞往古巴。为了终结这一现象，一位禁酒令领导人打出了使美国确立整个大陆霸权的“门罗主义”（Monroe Doctrine）的旗号，甚至呼吁对古巴进行军事干预。当然，我们也不能说禁酒令在美国国内得到了所有人的赞同。例如在纽约，

对页图：以木箱为凳，尽管这 4 位朋友也都希望光顾一家比较体面的酒吧。

有一种类似啤酒的饮料（据顾客所言，其与啤酒的口味惊人地相似），仍在“麦克索利的老麦芽酒馆”（McSorley’s Old Ale House）继续销售。新奥尔良则很快成为爱酒人士的天堂，那里几乎无人遵守禁酒令。至今仍然矗立在波旁街（Bourbon Street）的老苦艾酒吧（The Old Absinthe House）在广告中声称自己“几乎是唯一一家不卖烈酒的酒吧”，其中的讽刺意味不言而喻。

美国的禁酒令对国外的酒精饮料生产商来说无疑是个福音。第一次世界大战开始时，加拿大实际上也实行了禁酒令，但从1918年开始，每个省都有权选择是否继续实行这项禁令。

魁北克省（Quebec）当即决定将利口酒和烈酒的生产合法化。不列颠哥伦比亚省（British Columbia）在1920年紧随其后，安大略省（Ontario）和阿尔伯达省（Alberta）也在1924年加入进来。几个省生产的酒大部分都运往美国，正如加拿大海勒姆·沃克（Hiram Walker）酿酒厂总裁哈利·哈奇（Harry Hatch）所说：“《沃尔斯泰德法案》怎么都不能阻挡我们的产品出口，它只能限制美国进口酒类产品。这两者并非一回事。”另一家名为“墨西哥出口公司”（Mexican Export Company）的加拿大公司声称，它们的产品经由美国出口到墨西哥和古巴。显而易见，这些出口的酒没有一瓶能够到达最终目的地。这并不奇怪，因为墨西哥和古巴的进口商们把酒供应到美国市场是有利可图的。禁酒令生效后不久，在美国北部和南部边境线外，数百家美国人经营的酒馆如雨后春笋般冒出来。与此同时，哈瓦那的大型豪华酒店内的酒吧也进入了辉煌期。美国的阔佬和犯罪组织的头目每个周末都来光顾，他们的傲慢自负和桀骜不驯后来遭到了以菲德尔·卡斯特罗（Fidel Castro）为首的古巴革命军的激烈反抗。

尽管美国颁布了《沃尔斯泰德法案》，还是有大量酒精进入美国，而且边境地区生产的

左上图：一位女士正在展示如何携带瓶装酒而不被人怀疑。

对页图：摄于某地下酒吧。波特酒（port）、桃子酒（peach brandy）、杜松子酒、苦艾酒（absinthe）和其他类型的烈酒让这位女士喜笑颜开。高档酒吧总能提供多种饮料以供选择……

GIN
PEACH BRANDY
FRUIT

数量也不容小觑。那些负担不起去哈瓦那、墨西哥或加拿大度周末喝小酒的美国人，只能喝那些非法生产的酒，或者自制自饮。遍布农村地区的非法酿酒厂、烈酒走私者和家酿杜松子酒的生产者们公然抵制政府禁酒令。家庭自制的所有酒精饮料都被称为家酿杜松子酒，通常在浴缸里调制而成。

不管是进口酒还是国内生产的酒，最终都成为人们的杯中之物被一饮而尽。质量上乘、价格昂贵的酒经常出现在富豪的私人聚会上，那些粗制滥造，甚至制作方法和所用原料有害健康的酒则流向低档的非法酒吧，或者被用来在家中自饮。

地下酒吧也有阶层之分。像纽约的“鹳鸟俱乐部”（Stork Club）或“21岁俱乐部”（21 Club）这些颇负盛名的酒吧，警察会提供多方位的全面保护。事实上，“21岁俱乐部”在1922年开业时名为“红头酒吧”（The Red Head），经营场所经常更换，档次也越来越高。然而，酒吧始终会为当地的警察局长预留一张桌子。一般来说，这些场所提供的酒品质优良，但也偶有例外。

上图：基督教妇女禁酒联盟的成员正在打烂没收来的酒桶。
女性宗教协会是促进和支持禁酒运动的中坚力量。

作家海伍德·布罗恩（Heywood Broun）曾谈到他在埃尔·费伊（El Fey）酒吧的一次经历。这家著名的纽约俱乐部由前女演员德克萨斯·吉南（Texas Guinan）经营。由于是第一次在此地约会，作家希望给对方留下一个好印象，于是决定点香槟酒。但作为他的朋友，吉南告诉他尽管点香槟可能会花掉他 30 美元，但他得到的可能也只是廉价的仿香槟而已，因此建议他选择杜松子酒。的确，高档俱乐部里也会出售廉价酒。许多作家认为，鸡尾酒之所以在禁酒时期名噪一时，是因为在廉价酒精中添加果汁和苏打水掩盖了劣质酒精的难闻气味。

毫无疑问，“酒”是地下酒吧生意兴隆的共同原因，无论是以何种方式、何种形态供应的酒，无论是不加冰块的还是混合调制的，都被人们一饮而尽。许多禁酒令实施前广为流行的鸡尾酒，在禁酒时期仍备受人们喜爱，哪怕是由非法生产的劣质酒混合搭配而成。有些鸡尾酒时至今日依然流行，有一些则在重新发掘中。

杰里·托马斯（Jerry Thomas）常被誉为“美国调酒术之父”。1862 年，托马斯出版了美国第一本关于鸡尾酒的书《调酒师指南》（*The Bar-Tender's Guide*），该书的面

上图：在警察的监督下，没收来的威士忌被倒进纽约街头的阴沟里。

世使得许多鸡尾酒在禁酒之前就已经声名鹊起。例如，马丁内斯（The Martinez）算得上是“前辈”级的鸡尾酒了，19 世纪 20 年代前更为流行的干马天尼（Dry Martini）的制作灵感即来自马丁内斯。19 世纪末在伦敦发明的汤姆 · 柯林斯酒（Tom Collins）也非常流行。新奥尔良是鸡尾酒的发源地之一，那里的萨兹拉克（Sazerac）最受欢迎：它以干邑白兰地为基酒，与苦艾酒、一块方糖和两滴苦味剂（Peychaud’s Bitters）混合而成，有时可以用黑麦威士忌（rye whiskey）代替干邑白兰地。1880 年，亨利 · 拉莫斯（Henry Ramos）发明的拉莫斯金菲士（The Ramos Gin Fizz）也很受欢迎。1922 年，巴黎著名的“哈里的纽约吧”（Harry’s New York Bar）老板哈里 · 麦克艾尔洪（Harry MacElhone）出版了他的《鸡尾酒调制 ABC》（*ABC of Mixing Cocktails*）一书。书中包含近 400 个配方，详细记录和介绍了当时大洋两岸所供应的鸡尾酒。书中不乏一些时至今日仍然流行的鸡尾酒配方，如亚历山大（Alexander）、美国佬

上图：15 辖区警方突袭了位于纽约罗克威海滨地区（Rockaway Beach）的一家地下酒吧，
查获了 500 多瓶自制啤酒，两名探员正在对其进行检查。

对页图：美国禁酒时期，许多地下酒吧如雨后春笋般冒了出来。
在突袭了其中的一家后，两名便衣警察试图确定从地下室没收来的瓶装酒产地。

（Americano）、布朗克斯（Bronx）、三叶草俱乐部（Clover Club）、得其利（Daiquiri）、吉布森（Gibson）、螺丝锥子（Gimlet）、金瑞基（Gin Rickey）、曼哈顿（Manhattan）、法国 75 号（即后来名声大噪的“法兰西 75”，以“一战”期间法国研制的 75 毫米口径的火炮命名）和边车（Sidecar）等。

显而易见，在禁酒时期混合饮料艺术得到了蓬勃发展，尽管也有喝到廉价酒甚至危害健康的风险，但总体来说，富豪们经常光顾的地下酒吧还是有质量保证的。那时候最流行的鸡尾酒也有档次之分，当时最具权威性的知名杂志《烈酒商务》（*The Spirits Business*）把玛丽·匹克福德（Mary Pickford ）和金瑞基列到了鸡尾酒排行榜的前 10 位。金瑞基鸡尾酒是《了不起的盖茨比》的作者弗朗西斯·司各特·菲茨杰拉德的最爱。起初，朗姆酒是玛丽·匹克福德鸡尾酒的基酒，禁酒期间朗姆酒被更容易获得的金酒所取代。其他在禁酒时期排行前 10 位的鸡尾酒还包括：薄荷朱利酒（Mint Julep），禁酒令时期该酒反而名声大增；法兰西 75；汤姆·柯林斯（Tom Collins），该酒也因金酒的现成供应而广受欢迎，尽管金酒口味比较清淡；边车；白领丽人（White Lady）；威士忌酸（Whiskey Sour）和蜂之膝（Bees Knees），它们的成分包括蜂蜜和柠檬汁，能很好地掩盖哪怕是最差劲的家酿杜松子酒的味道。最后一种非常重要的鸡尾酒是百家地（Bacardi），它的普及得益于古巴生产的百家地朗姆酒（Cuban-produced Bacardi Rum）在北美海岸的非法传播。

除了高档地下酒吧，还有一些酒吧被戏称为“盲猪”（blind pig）或“盲虎”（blind tiger）。来此光顾的都是社会底层人士，供应的混合饮料通常局限于用果汁（其中蔓越莓很受欢迎）稀释的蒸馏酒，或者是用不含酒精的饮料如可乐或柠檬水来稀释的蒸馏酒。一方面，这种鸡尾酒可以掩盖“自制酒”的缺陷；另一方面，调制这种饮料的调酒师几乎不需要什么天赋或技巧，而且调制时间极短，倘若警察突然冒出来，这一点可是极为关键。

无论是蒸馏酒、啤酒、葡萄酒、鸡尾酒，还是其他类型的酒，禁酒令表明政府的一纸禁令根本不足以压制美国人的饮酒欲望。许多作家断言，与其说人们对饮酒满怀渴望、对完成工作或家务后的小憩满怀憧憬，不如说这是对联邦宪法制订的侵犯人权的《第十八次宪法修正案》的反抗。大多数美国人表示不能接受这一侵权行为，他们的反抗也取得了成功，1933 年禁酒令最终寿终正寝。

对页图：一位男士通过窥视窗向外观望，把门望风是阻止或拖延警察突袭的必要措施。拍摄于 1928 年。

SLIM JIM
BUTTER
PRETZELS
Premium
Soda Crackers

PLEASE
BE
PATIENT

PLEASE BE QUIET

LOWER EAST SIDE
TOY CO

LOWER
EAST SIDE
TOY CO

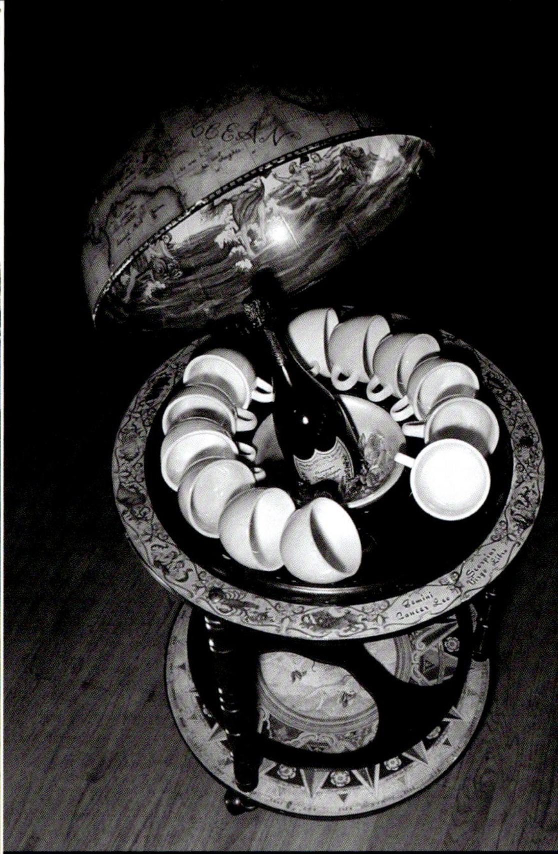

密室（THE BACK ROOM）

通往密室酒吧的路能引发无数联想，让人情不自禁地联想起好莱坞电影明星和纽约戏剧演员，他们可是这里的常客。人们会想起娱乐大亨卢西亚诺（Lucky Luciano）、黑帮大佬毕斯·西格尔（Bugsy Siegel）和黑帮分子迈耶·兰斯基（Meyer Lansky）等人的故事。这些人经常在这里会面，召开所谓的“商务会议”，保不准只是为了一起喝上一瓶香槟。密室酒吧是 20 世纪 20 年代最具代表性的地下酒吧，是美国纽约在禁酒期间仍正常营业并且保留至今的为数不多的几个地下酒吧之一。与现在的名字稍有不同，那时它被称为“拉特纳家的密室”（The Back of Ratner’s）。拉特纳（Ratner）是一家著名的犹太洁食餐厅。酒吧原来的大门如今犹在，店内陈设和氛围都一如往昔。顾客也像往常一样，轻啜着杯中的鸡尾酒。他们所喝的饮料似乎也蒙着一层神秘的面纱，即使那些经常光顾地下酒吧的政府官员，一时之间也难以断定其种类。

难怪密室酒吧是纽约地下酒吧之旅必去的酒吧之一，也难怪它会出现在《大西洋帝国》和《纽约的秘密》（*Secrets of New York*）等热门电视剧中。这里还是拍摄电影的理想场景，陈设富有情调：墙上的挂毯、红丝绒扶手椅和沙发、吧台后面的大镜子、地毯、油画和壁炉架上的古董收音机。人们纷纷慕名而来。尽管这里只在周一晚上有现场爵士乐演奏时才要求顾客报出暗号方可进入，但还是强烈建议前去的顾客提前预订桌位。未成年人和 21 岁以下的成年人禁止入内，周五和周六造访的顾客必须年满 25 岁方可进入。密室酒吧也会组织和举办私人派对。尽管许多社会名流时常光顾这里，但他们都不再是过去那种“危险”的黑帮成员。

美国，纽约，诺福克街（Norfolk Street）102 号

电话：+ 12122285098

backroomnyc.com

远离普通路人的视线，

通晓内情者却一眼可见，

今天的地下酒吧再次成为时尚前沿。

NEW YORK, U.S.A.
MUTOSCOPE

闲人免进（EMPLOYEES ONLY）

闲人免进酒吧于 2004 年开业，位于曼哈顿岛上的格林威治村（Greenwich Village）的中心位置。曼哈顿是世界上人口最密集的地区之一。该酒吧由 5 个朋友共同构思孕育而成，他们有着截然不同的背景，却对自己心目中的鸡尾酒酒吧有着共同的愿景：那是一个欢乐优雅、远离浮华的地方，最重要的是，顾客可以享用到用优质原料精心调制而成的美味鸡尾酒。事实上，闲人免进酒吧做到的远不止这些。这里室内灯光明亮，墙上挂着一排排油画，一面巨大的镜子使室内显得更加亮堂。酒吧里的木凳经常座无虚席，但后院的餐厅只有提前预订才会供应晚餐。该酒吧烹制的美食绝对是它的一张王牌。然而，酒吧的天才调酒师们调制的鸡尾酒才是酒吧的主营业务，不管你喜欢经典的还是重新诠释的鸡尾酒，都建议你品尝一下他们的曼哈顿鸡尾酒。酒吧隐藏在一家算命先生的门店后，有个霓虹灯标志上书“通灵”（Psychic）二字，让人很难一眼看出来这是个酒吧。这里的氛围是令人愉悦的复古风格，从调酒师的工作服到摆满货架的样式古老的酒瓶，都体现出一股浓郁的复古风。来这里光顾的客人也是形形色色。懂行的人来这里寻找绝佳的鸡尾酒，美食爱好者来这里品尝厨房的特色菜，而追星者则希望能偶遇酒吧老板之一、在《女狼俱乐部》（*Coyote Ugly*）中扮演维奥莱特（Violet）的派珀·佩拉博（Piper Perabo）。无论你属于哪一类顾客，有何需求，闲人免进酒吧都能满足你所有的愿望。

一定要记得，在星期天酒吧里经常有滑稽剧表演，可能会很拥挤哦。

美国，纽约，哈德逊街（Hudson Street）510 号

电话：+12122423021

employeesonlynyc.com

懒惰情人（Lazy Lover）

普拉塔卡沙萨甘蔗酒
用绿沙特勒兹酒浸泡的墨西哥辣椒
班尼帝克汀甜酒
酸橙汁
龙舌兰花蜜

请不要告诉别人（PDT）

纽约被认为是世界地下酒吧之都，而PDT（Please Don't Tell，意即“请不要告诉别人”）也许是这个城市最受欢迎的秘密酒吧。许多顾客千方百计抢到一个安静的地方，然后坐下来喝杯帕丁顿（Paddington）鸡尾酒，这可是该酒吧最著名的鸡尾酒之一。PDT从2007年5月起开始在纽约东村（East Village）供应鸡尾酒。

这家店并不难找。它的地址众所周知，它赖以藏身的克里夫热狗店（Crif Dogs）的位置人们也都耳熟能详，这里出售的热狗和啤酒都超级棒。走进热狗店，你会看到几步远处有一个旧电话亭。拿起听筒拨打电话给PDT酒吧的工作人员（这个电话只能打给他们），电话亭后面的墙就会缓缓打开，将你引入这个混合饮料王国的“乐土”。当然，前提是你要提前预订。PDT酒吧非常受欢迎，所以如果没有提前预订的话，你只能放弃入内，或者极不情愿地去克里夫热狗店买个热狗。

进入室内后，迎接你的是一个富有情调的典雅之地。室内装修呈现出刻意的极简主义风格。一方面，它给人一种该地方只是临时过渡场所的感觉；另一方面，它将人们关注的焦点集中在那些才华横溢的调酒师们正在调制的作品上，不管是最经典的鸡尾酒，还是该酒吧的主打招牌。酒吧里陈列着许多酒瓶，超级漂亮。室内还陈列着各种各样的动物标本，上镜率最高的是一只戴着帽子的人称“帕丁顿”（Paddington）的灰熊。这里的座椅是皮质的，沙发是极具古典韵味的切斯特菲尔德（Chesterfield）沙发，墙砖裸露在外。PDT酒吧非常值得一去，但别忘了，去过后可不要四处炫耀哦！正如其店名所言，“不要告诉别人。”

美国，纽约，圣马可坊街（St. Marks Place）113 号

电话：+12126140386

pdtnyc.com

COCKTAIL

帕丁顿

7 毫升苦艾酒
44 毫升白朗姆酒
15 毫升利莱白开胃酒
15 毫升葡萄柚汁
15 毫升柠檬汁
1 汤匙橘子酱
用来装饰的葡萄柚皮

· 将苦艾酒倒入或喷洒入冰过的玻璃杯内。旋转摇晃杯子，使杯子内壁都沾上酒。然后把苦艾酒倒出来，把玻璃杯放在一边。
· 将其他原料加入装满冰块的摇酒壶中。
· 摇晃酒壶，并将酒滤入沾上苦艾酒的玻璃杯内。
· 用葡萄柚皮装饰。

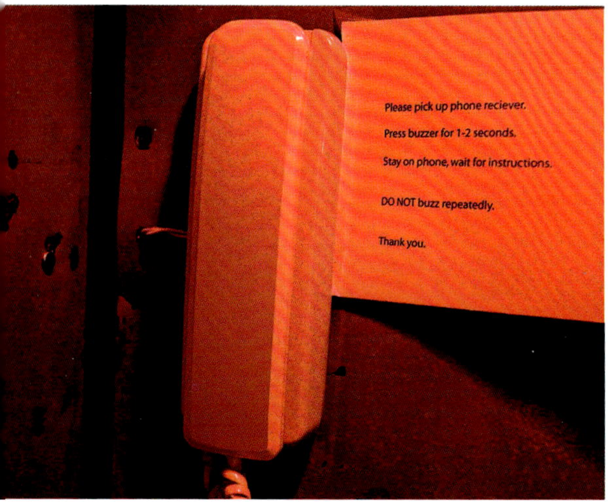

雷恩斯法室（RAINES LAW ROOM）

1896 年，纽约州颁布了一项法案《雷恩斯法》（*Raines Law*），旨在让那些卖酒和饮酒之人的日子更加艰难。这家位于切尔西（Chelsea）中心地带的地下酒吧——雷恩斯法室酒吧，正是以该项法案的名称来命名的。简言之，该法案规定除了酒店外，周日不得供应酒类饮料。由于大多数工人只能在周日休息，因此，该法案重罚的对象是酒吧、酒馆和夜总会。然而没过多久，店主们就想出了应对之策。他们在营业场所内增加了一个小房间，有时甚至虚拟出一个房间，用以申请酒店许可证来规避这项法案。

今天的雷恩斯法室酒吧采用了复古的装修风格，使得该酒吧呈现出 20 世纪 20 年代的秘密酒吧的全部魅力。室内许多陈设皆为原创，包括精致的切斯特菲尔德沙发。一走进酒吧，时间似乎突然变慢了，与外面快节奏的城市生活形成了鲜明对比。在这里你有

美国，纽约，西 17 街（West 17th Street）48 号

raineslawroom.com

充足的时间甄选要喝的饮料，也无须急着喊侍者下单。这一点非常不错，尤其对初次光顾的人来说，因为这里的酒单很长，新颖有趣，需要花时间来斟酌。从那些大师级的世界经典鸡尾酒，到调酒师专业团队研发的最具特色的原创配方，酒单上应有尽有。选好了饮料后，顾客按下蜂鸣器召唤侍者。在这个时间几乎静止的地方，顾客可以再次感受到一丝复古气息。

雷恩斯法室酒吧于 2005 年开业。2014 年，它的第二家店在位于曼哈顿中城（Midtown Manhattan）的威廉酒店（The William）内开业。之所以将店址选在酒店内，也许是担心《雷恩斯法》会再次生效吧。

许多现代的地下酒吧，
刻意营造复古氛围；
名副其实的乐土，
是漫长的一天结束时绝佳的放松休息之地。

亲爱的欧文（DEAR IRVING）

亲爱的欧文酒吧看起来不像一个单一的营业场所。这家位于联合广场（Union Square）附近的酒吧在2014年开业，内部有4个房间，看起来像4个不同的小酒吧。酒吧外部刻意不设任何标志，但进到里面后，可以选择在布景各异的房间内来一场穿越时空的旅行，比如玛丽·安托瓦内特（Marie Antoinette）时期的法国；格特鲁德·斯泰因（Gertrude Stein）的巴黎岁月，这位美国人影响并成就了厄内斯特·海明威（Ernest Hemingway）的“迷惘的一代”；20世纪60年代约翰·菲茨杰拉德·肯尼迪（John F. Kennedy）总统时期的美国；在“了不起的盖茨比”风格的房间内感受那“咆哮的20年代”，那里的小隔间带有浓厚的私密性；或者回到亚伯拉罕·林肯（Abraham Lincoln）时代，在那里你会看到高高的吧台后

美国，纽约，尔文坊（Irving Place）55 号
dearirving.com

面正在忙碌着的调酒师们。在亲爱的欧文酒吧度过的每个夜晚都令人难忘，并且选择的座位不同，感受也完全不同。每张桌子上都有一个蜂鸣器，以备顾客招呼侍者下单。坐在吧台边的顾客可以直接从调酒师那里点酒，并且观看他们如何优雅而迅捷地展示他们的神奇技艺，调制出吧台上那些短暂停留即被端走的平底杯和鸡尾酒酒杯中的美酒。这里的氛围、环境和热情都是出类拔萃的，你慢慢啜饮、尽情享用的饮品也非同凡响。在这家酒吧有几条规则需要遵守，其一就是强烈建议顾客尽早提前预订，然后则是将紧张刺激的城市氛围和生活压力抛之脑后，哪怕只有短短几个小时。

我爱尼克罗尼 4 号（I love Negroni #4）

22 毫升杜松子酒
22 毫升甜味美思
15 毫升阿贝罗酒
15 毫升圣日耳曼
玫瑰花瓣浸液

· 搅拌。
· 用老式玻璃杯上酒。

第四墙（LE 4E MUR）

第四墙酒吧的地址在本页底部，你可以循址找到入口，却不能入内。你只能联系酒吧，然后等待回复。正如我们所知，地下酒吧有些规则是必须遵守的，毕竟这也是其魅力的一部分，位于加拿大蒙特利尔（Montreal）的这家酒吧也不例外。但是一旦设法入内，你就会发现吧台和调酒师才是这里的焦点和风景，调酒师们轻摇慢晃，缓缓搅拌，然后将蕴含了其非凡天资和精确配方的各种各样的鸡尾酒倒入杯中。这里的气氛非常友好，当有女士在场时，男士需摘下帽子以示礼貌。

第四墙酒吧于 2015 年 7 月开业，随后不久即成为蒙特利尔夜生活的中心。找到酒吧入口后，千万不要被门上私人侦探机构的标识所迷惑。进入酒吧后，有一道楼梯通向一个温暖质朴的房间，里面陈设有许多木头、粗糙的石墙、几个书橱和舒适的皮质扶手椅，还有一个小舞台，是爵士乐和摇摆乐队表演的地方。周二和周六因为有滑稽表演，酒吧气氛更加火爆。这里是与朋友约会的首选之地，在私密温馨、灯光柔和的环境里，与朋友安静地啜饮几杯鸡尾酒，自是惬意无比。酒吧还有一个有顶的带取暖设施的露台，一年四季，哪怕是在加拿大的严冬，顾客都可以在此尽享法式小酒馆的风情。不用担心人多拥挤，因为酒吧是按照座位数来接待顾客的。

加拿大，蒙特利尔，圣 · 丹尼斯街（St. Denis Street）2021 号

info@le4emur.com

le4emur.com

COCKTAIL

里维埃拉（The Riviera）

伦敦干杜松子酒
金巴利
无色樱桃酒
新鲜菠萝
酸橙汁、糖和蛋清

紫罗兰时光（THE VIOLET HOUR）

毫无疑问，芝加哥（Chicago）是美国禁酒期间非法贩酒最繁忙的中心之一。这里是当年著名的犯罪头目、黑帮教父阿尔·卡彭的老巢。芝加哥位于密歇根湖（Lake Michigan）岸边，有利的地理位置使它成为从加拿大向美国走私违法烈性酒的最佳水路。

尽管昔日的匪帮或违禁酒已然成为历史，紫罗兰时光酒吧依然竭力营造出当年那种令人心醉神迷的时代氛围。酒吧内部装修优雅而精致，有蓝色皮质高背扶手椅、摇曳着烛光的白色小桌、长长的大理石吧台、水晶吊灯和壁炉。宽敞的空间和明亮的光线令人惊喜，高贵厚重的天鹅绒窗帘则平添了一种“伟大的盖茨比”风格的怀旧气息。酒吧外部没有任何标志，只是在门的上方有个灯泡标识入口。酒吧外墙用大型壁画来装饰，并且壁画还会经常更换，许多游客特意前来欣赏国际艺术家们的杰作。该酒吧被誉为城市鸡尾酒的试金石。酒吧名字来源于T.S. 艾略特（T. S. Eliot）的《荒原》（*The Waste Land*）一诗。酒吧有选择性地接待顾客，以确保人人都会有座。客人必须遵守酒吧的规则，如着装得当、不能戴棒球帽、不能带手机。最后是一条温馨提示：“请不要把那些你不愿带到母亲家吃周日晚餐的人带到酒吧里来。”除此以外，用心感受这里的氛围吧！假装自己是迪·卡普里奥（Di Caprio），那个快乐的盖茨比，而不是电影结束时的盖茨比，静坐下来，慢慢啜饮一杯天才调酒师们为你精心调制的美妙绝伦的鸡尾酒吧。

美国，芝加哥，达门北街（N. Damen Avenue）1520号

电话：+17732521500

theviolethour.com

Williams
&Graham
BOOKSELLERS
Open Daily
5:00p to 1:00a
3160 TEJON

威廉姆斯和格雷厄姆（WILLIAMS & GRAHAM）

这家酒吧的秘密隐藏在一家小型“威廉姆斯和格雷厄姆”书店的书架上。书架上有本哈利·克拉多克的《萨伏伊鸡尾酒手册》，它可是全世界调酒师心目中的“圣经”之一。只要稍微一拉，书柜就奇迹般地变成了真正的“威廉姆斯和格雷厄姆”的入口，当然绝对不会是书店啦。密西西比三角洲蓝调微妙动人，略带怀旧气息的旋律迎接着每一位有幸入内的顾客。这里的气氛轻松而低调，摩登中又带有一丝古典气息。醒目的吧台和酒瓶架上摆满了各式各样的酒和饮料，只要你能想到的这里都能提供。这里有全美最著名的调酒师，他们对调酒术的见解可圈可点。他们的配方都有充分的依据和完美的剂量，成分很少超过 5 种。在充满亲切和友善的氛围里，这种醇美的芳香和味道让人难以忘怀。这种“邻里酒吧”式的感觉也让店主们引以为豪，其灵感源自他们的父辈和祖父辈所熟悉的酒吧氛围，在那里时间似乎静止，世界仿佛被拒之门外。酒吧的优质服务是严谨和友善的完美结合，正因如此，顾客源源不断。注重细节也是必需的，这里有百年历史的锡制天花板、吧台和陈列有拱形木制壁龛的陈列柜，以及作为装饰的苦艾酒“喷泉”和光影效果微妙的台灯。简言之，这里是舒缓一日辛劳疲惫、摆脱快节奏生活的理想之地。在这里可以和周围的顾客聊聊天，看看他们是否也度过了一个难忘的夜晚。他们和你一样热爱美好生活。

美国，丹佛，特洪街（Tejon Street）3160 号

电话：+13039978886

williamsandgraham.com

威廉姆斯和格雷厄姆

TOM
MOORE
10¢
CIGAR
The
NILES
& MOSER

香草、香料和自制美味。

地下酒吧的鸡尾酒文化发展如火如荼。

经典鸡尾酒再次复兴，

新趋势、新发展也前途明媚。

希尔卡 33 号（CIRCA 33）

地下酒吧也许不再需要遮掩躲藏来避开那些有欠审慎的法律，但鸡尾酒吧仍然是最不容易找到的地方之一。然而在美国波特兰（Portland），你会发现这种“秘密”的吧中之吧。

希尔卡 33 号酒吧以禁酒为主题的活动，以及才华横溢的调酒师推荐的多款经典鸡尾酒，让人感觉似乎回到了“咆哮的 20 年代”。该酒吧意趣十足，其中一个非常有趣的细节是这里的鸡尾酒单是根据饮料发明的年代来设计的，顾客选酒的过程就是一次历史之旅。也许从 1862 年发明的热黄油朗姆酒（Hot Buttered rum）开始，转向 1928 年的龙舌兰螺丝锥子（Tequila Gimlet），然后啜饮一杯 1941 年的莫斯科骡子（Moscow Mule），最后喝上一杯 1950 年的墨西哥啤酒（Michelada）。显然菜单上也提供了许多近期的鸡尾酒，这既是对经典的重新诠释，也是对该酒吧调酒师的才华和创造力的最新展示。

酒吧里发生的一切众人皆知，并且可以从外面亲眼看见，但只有少数特权人士知道，酒吧厨房后面的食物储藏室里隐藏着一个秘密空间。入口隐藏在一个书柜背后，入内需要完成以下几个步骤：首先，移开键盘上的书，然后输入 4 位数密码开门。只有酒吧侍者才能告诉你该移动哪本书和输入什么密码。一旦进入室内，你会发现自己身处一间装修豪华的房间内，里面有皮质扶手椅、一张沙狐球桌和一架古老的钢琴。这里发生的一切人们似乎都见怪不怪，即使在你轻酌慢饮时看到厨师搬着一箱沙拉从你面前走过。毕竟这里是地下酒吧，不是吗？

美国，波特兰，贝尔蒙街东南（SE Belmont Street）3348 号

电话：+15034777682

希尔卡33号

with local spirits
* ask your bartender for details
Black Butte Porter
NINKASI PALE ALE

PEP

LOVE

波旁和布兰奇（BOURBON & BRANCH）

波旁和布兰奇酒吧的历史悠久而令人神往。1921—1933年，一家地下酒吧打着“JJ·罗素雪茄店”（JJ Russell’s Cigar Shop）的旗号在这里非法营业。约翰·J. 罗素（John J. Russell）是一位勤勉敬业的企业家，他与许多有名的私酒商保持着密切联系。在《沃尔斯特德法案》实施之前，这里原本就是一家酒吧。法案实施后，罗素只好改换门面，以便继续为原来那些忠实的客户服务。他卖的雪茄不多，地下酒吧却因此避开了探员们的视线，从未遭到搜查。

今天若想进入波旁和布兰奇酒吧，必须遵守其基本规定：交谈要轻声低语，禁用手机，不能长时间站立，禁止拍照，甚至也别想着点一杯大都会（Cosmopolitan）鸡尾酒。这里的陈设也是酒吧常用的元素，带有复古奢华气息的木地板、天花板上悬挂的状如野花的枝形吊灯，都能引发无数联想。墙砖大多裸露在外。在吧台后面，墙砖上的壁龛里摆放着无数瓶优质白酒和烈酒，其中包括美味的精选波旁酒。在主酒吧内，有个入口通往一间名为“图书馆”（The Library）的秘密房间，但只有知道密码的人方可进入。由5条秘密地下通道构成的“紧急出口”依然完好，现在也许不一定能用上，在禁酒时期却是最重要的逃生路线。当你在酒吧里品尝到完美平衡你的味蕾的鸡尾酒时，优秀调酒师的精湛技艺会让你眼前一亮。但在这之前，你得先找到入口：一扇没有任何标记的门，门上有个猫眼和蜂鸣器。再给你一个提示：寻找反沙龙联盟（Anti-Saloon League）标志。是不是很有讽刺意味？

美国，旧金山，琼斯街（Jones Street）501号

电话：+14153461735

bourbonandbranch.com

波旁和布兰奇

洗衣房（THE LAUNDRY ROOM）

乍一望去，洗衣房酒吧的外部有点像爱德华·霍普（Edward Hopper）的名画《夜鹰》（*Nighthawks*）。它位于街道拐角处，有着大大的玻璃窗，灯光透过窗子点亮夜色，还有一个令人捉摸不透的霓虹灯招牌，上书“联邦”（Commonwealth）一词。该招牌属于一家深受游客和当地人欢迎的鸡尾酒酒吧，该酒吧位于美国内华达州（Nevada）最著名的城市，同时也是世界上最著名的城市之一。该城市以“灯光之城”（City of Lights）或“罪恶之城”（Sin City）而著称，曾经出现在数十部电影和电视连续剧中。联邦酒吧是个非常时尚的地方，那里有迷人的气氛、美味的鸡尾酒和精选啤酒。联邦酒吧的墙上隐藏着一个秘密，只有当打开正确的那扇门时，秘密才会被揭晓。在真正的地下酒吧传统中，这扇门毫无特色，甚至很容易被忽略。只有向一个秘密号码发送信息询问请示后，此门才会打开。得到入门密码并非易事，但进去之后就会发现联邦酒吧的秘密——堪称吧中之吧的洗衣房酒吧。这个室内酒吧很受欢迎，但每次只能容纳 20 名客人，每晚酒单上提供的鸡尾酒数量也只有 20 种。

洗衣房酒吧和它的主吧在 2012 年同时开业，随后不久便成为该城中提供最美味鸡尾酒的场所之一。这里的环境高雅怡人，顾客必须遵守吧规，禁止使用手机、禁止拍照和制造噪音。人们轻声交谈，如同身处 20 世纪 20 年代的地下酒吧一样。酒吧外的拉斯维加斯大道灯光闪烁，嘈杂喧嚣，到处是宏伟的酒店和赌场，来自世界各地的人群欢呼不已。任何来过这里的人都知道，这个城市所带来的魅惑和刺激令人无所遁形，但大家也都知道，在这个城市中心，至少还有一个像洗衣房酒吧这样的绿洲令人心生安定。

美国，拉斯维加斯，弗里蒙特街（Fremont Street）525 号

电话：+17027011466

罪之浆果（Berried in Sin）

30 毫升黑醋栗甜酒
30 毫升伦敦干杜松子酒
30 毫升酸橙汁
7 毫升单糖浆
15 毫升蛋清

· 把所有原料混合摇匀后，倒入盛有 22 毫升香槟的玻璃杯中。
· 用碎薄荷叶装饰，并滴入 5 滴安戈斯图拉苦味剂。

CELEBRATING

TOWNHOUSE

1915-2015

VENICE

100 YEARS

· *December* 5TH 2015 ·

达尔蒙特地下酒吧（THE DEL MONTE SPEAKEASY）

在众多并且仍在不断发展的现代地下酒吧中，达尔蒙特绝对是个传奇。这家真正的地下酒吧在禁酒时期是个多姿多彩的存在。1915 年意大利移民塞萨尔·梅诺蒂（Cesare Menotti）在美国洛杉矶的威尼斯海滩（Venice Beach）开设了联排别墅酒吧（Townhouse Bar），它很快就成为洛杉矶的一个传奇场所，其不朽形象出现在许多电影和电视剧中，成为像吉姆·莫里森（Jim Morrison）这样的偶像人物经常光顾的地方。

在 1920 年 1 月禁酒令颁布之前，这家酒吧生意兴隆，吸引了大批忠实粉丝。然而，在实施禁酒令后，和那个时代的其他许多酒吧一样，它也似乎注定要关门大吉了。但梅诺蒂并没有灰心丧气。他把联排别墅改成杂货店作为掩护，但在成箱的农产品下面，有一个只能通过暗门进入的地下室，那就是达尔蒙特地下酒吧。由于躲过了探员的窥探，酒吧得以继续售酒。今天的达尔蒙特已经成为洛杉矶（Los Angeles）地区最古老的酒吧之一。

时至今日，这个迷人的酒吧依然保持着它最初的全部魅力。地下室风格的简易柱子支撑着一个低矮的天花板，但真正吸引眼球的则是那几乎和整面墙一样长的吧台。你可以坐在圆形的凳子上观看调酒师们展示技艺，也可以选择坐在长的皮沙发上或鸡尾酒桌旁。达尔蒙特主打娱乐特色，包括现场音乐、打碟、喜剧和滑稽表演。然而，营造一种饮酒属于违法的和挑衅的氛围，并在这种氛围中啜饮或经典或新创的美味鸡尾酒，才是该酒吧最重要的特色。

美国，洛杉矶，威尼斯海滩迎风大道（Windward Avenue）52 号
电话：+13103924040
townhousevenice.com

古风（Old Fashioned）

水牛足迹波旁酒

留名溪黑麦威士忌

德梅拉拉糖浆

安戈斯图拉苦味剂

洛杉矶的一些经营场所，如达尔蒙特酒吧，

经历了禁酒时代的洗礼却毫发无损，

时至今日仍是内行眼中的行业标杆。

美国，圣地亚哥，G 大街（G Street）777 号

电话：+16198884713

nobleexperimentsd.com

贵族体验（NOBLE EXPERIMENT）

赫伯特·胡佛总统将禁酒令描述为一场“伟大的社会和经济改革试验，动机高尚……”。在圣地亚哥（San Diego）市中心一家备受欢迎的餐厅内有家酒吧，酒吧的名字正源于此。贵族体验酒吧的入口看起来像一小堆啤酒桶摞在一起。这是一家豪华酒吧，内部装修与众不同，富有品位，整体和谐。整面墙挂满了伦勃朗（Rembrandt）风格的画作和一盏水晶吊灯，二者毫无违和感。墙上装饰的青铜头骨也许会令人稍感不安，但其感染力也不可否认。更重要的是，该酒吧可以供应 700 多种鸡尾酒，每种都展示出调酒师非凡的创造力和精湛的技艺，他们巧妙地将上百种不同的酒与自制糖浆、水果和果汁融于一体。

贵族体验酒吧于 2010 年开业，创立伊始即在当地大获成功并声名远播。事实上，顾客要想进入酒吧，至少需要提前一周预订。酒吧网站上有预订指南，这是你在网站上所能找到的唯一信息，因为酒吧主人喜欢低调行事。酒吧规则：着装不能过于随意，禁止穿人字拖或戴棒球帽，禁止使用闪光灯拍照。如果你浏览完长长的鸡尾酒单后仍难以抉择，那就跟调酒师说明你的口味，然后等待享用他们为你奉上的美味盛宴吧。据老顾客所言，他们绝对不会令你失望。

老木头（Old Timber）

59 毫升斯塔格小桶烈性波旁威士忌
7 毫升阿韦尔纳酒
7 毫升埃尔多拉多法勒诺姆酒
2 滴橙味苦味酒
史密斯 & 克罗斯牙买加朗姆酒

· 将所有成分混合几秒钟后，放入加冰的古典杯中。
· 浇上牙买加朗姆酒，以薄荷枝装饰。

朱尔斯地下室（JULES BASEMENT）

在去往朱尔斯地下室酒吧的路上，首先映入眼帘的是墨西哥城（Mexico City）的一条美丽的林荫大道，它完美地展现出这座大城市的宁静与活力。然后进入视线的景象似乎就变了：你会看到一扇白色的毫不起眼的冰箱门。在斯坦利·库布里克（Stanley Kubrick）的杰作《闪灵》（*Shining*）中有一个著名的场景：温蒂·托伦斯（Wendy Torrance）把她丈夫杰克（Jack）关在冰箱里。你眼前的这扇门和电影中的那扇门非常相像。“但是别害怕，这里不是眺望旅馆（Overlook Hotel），那扇门后面也没有冷冻食品。”事实上，这扇门通往一个高雅迷人的酒吧，那里每晚都有现场音乐表演，气氛温馨友好，有美味的鸡尾酒供顾客享用。

若去朱尔斯地下室酒吧（强烈建议提前预订），就沿着通往酒吧的台阶走下去。你会进入一个摩登、优雅而又简约的白色空间，让人很容易联想到那个冰箱门，在这里细节得到了充分的关注。顾客可以坐在内部镶嵌着达米安·赫斯特（Damien Hirst）风格的白色头骨的立方体形状的玻璃桌旁，也可以坐在能更好地观看调酒师调制鸡尾酒全过程的双面吧台前。这里似乎有无数种酒可供选择：烧酒、威士忌、墨西哥人最爱的龙舌兰酒和梅斯卡尔酒（mezcal），调酒师的精湛调酒术会让你大饱眼福，大快味蕾。调酒师对经典的重新诠释可圈可点。特别有趣的是他们在梅斯卡尔酒基础上重新演绎的尼格罗尼、用朗姆酒代替黑麦威士忌或干邑演绎而成的危地马拉萨兹拉克（Guatemala Sazerac），以及用龙舌兰酒、芙蓉花、龙舌兰花蜜和新鲜酸橙汁调制而成的神秘的 Flor de Sangre 鸡尾酒。

墨西哥，墨西哥城，波朗科，凡尔纳街（Calle Julio Verne）93 号
电话：+525552801278
julesbasement.com

严谨、机敏、满腹经纶，

通晓各种配料成分。

在地下酒吧的魔力中，调酒师的作用不可估量。

吧台后面的那位才是酒吧真正的灵魂。

生命之水（EAU DE VIE）

对于早期的罗马（Rome）居民拉丁人（Latins）来说，Eau de Vie 意为“烈性酒”或“生命之水”，他们把所有的酒精饮料都称为“生命之水”。人们认为烈酒非常重要，与健康和长寿密切相关，是一种万能神药。这或许是因为在当时喝酒比喝水对健康造成的危害更小吧。“生命之水”这个术语神秘而古老，但在这个半掩在柯尔克顿酒店（Kirketon Hotel）后面的鸡尾酒酒吧里，却毫无陈腐过时之感，尽管这里的氛围和豪华的复古装饰很容易让人联想到“咆哮的 20 年代”和禁酒时期。在吧台旁找个舒适的凳子坐下，你就能看到专业调酒师用来调制各种美味鸡尾酒的 500 多种原材料，同时也可以和调酒师们聊聊天。这里有能容纳多人的大桌子，有可供情侣使用的小桌子，三面墙边还摆放着长长的皮沙发。在调制鸡尾酒的严谨精细和一丝不苟中加入一丝幽默也是必需的。看着调酒师用一个像女人美腿一样的摇壶在摇酒，足以证明所言非虚。他们调制的斗牛士（Banderillero）鸡尾酒也是如此，它将西班牙香肠风味的梅斯卡尔酒、菠萝醋、阿贝罗（Aperol）鸡尾酒、青柠和哈瓦那苦味剂（Habanero bitter）混合在一起，并且用真正的公牛角来盛酒。除此之外，酒吧还有一扇暗门通向威士忌室（Whisky Room）——地下酒吧之中的地下酒吧——在那里有工作人员精选的几百种威士忌供顾客享用。威士忌室还为幸运顾客提供私人储酒柜，以及稀有难觅的高端酒类。生命之水酒吧还举办大师班，有专业调酒师向顾客传授各种鸡尾酒的历史和调制技术，说不定顾客自己也会成为专家，能够在家里自制美味鸡尾酒。生命之水酒吧不仅是饮酒的地方，还是一个学习如何饮酒的地方。

澳大利亚，悉尼，达林赫斯特路（Darlinghurst Road）229 号

电话：+610422263226

eaudevie.com.au

生命之水

BEEFEATER

那由他酒吧（BAR NAYUTA）

那由他酒吧自称“夜间药房”。事实上，吧台后面的架子上不仅陈列着酒，还有草药罐和香料瓶，知识渊博的调酒师会将其合理调配在鸡尾酒中。酒吧位于日本大阪（Osaka）市中心最繁忙的广场之一三角公园（Triangle Park）内，不知情的人很难找到。但大阪的鸡尾酒行家们知道在哪里能找到它，正如酒吧老板所说：“你所需要的只是足够的动力。”给你一个有用的提示吧：找到画在砖墙上的一个秘密标志。如果找不到，可以随时拨打酒吧电话，正像他们在网站上承诺的那样：“我们马上去接你！”这里的招牌鸡尾酒是激情和精心研究的结晶。调酒师们调制出了一系列独具特色的口味，即使最有经验的味蕾也会为之惊喜。自制的苦味剂、香料和杜松子酒，给众所周知的经典鸡尾酒增加了一丝独特的味道。酒吧内部装饰得富丽堂皇，宏伟的弧形吧台占据了整个房间。酒吧经常接待那些来此追求本真和品位的当地人和外地游客。尽管酒水准备工作非常专业，这里的气氛依然随意而友好。换言之，这是一个放松身心和约会朋友的理想场所。当然，别忘了来上一杯鸡尾酒哦。

日本，大阪，中央区西心斋桥（Nishishinsaibashi, Chuo-ku）
电话：+810662103615
info@bar-nayuta.com

COCKTAIL

雨滴（Rain Drop）

44 毫升月桂叶浸泡的金酒
15 毫升自制复合金酒
20 毫升鲜酸橙汁
20 毫升单糖浆
黄瓜丁、一撮盐、干月桂叶，以及一撮干薰衣草樱桃木片用于制烟。

· 将所有成分混合，干药草除外。
· 点燃木片，另用一个容器来收集烟雾。
· 用烟雾和足够的冰块摇晃配料。双重过滤入尼克 & 诺拉玻璃杯中。
· 加热干月桂叶，但不要点燃，然后把它放在玻璃杯上。
· 加入少许薰衣草，然后上桌。

从美国到远东，

从欧洲至澳洲，

地下酒吧国际化趋势跨越了国界。

BAR 盎司（OUNCE）

美国曼哈顿有“饮料之都”的美称。有一群朋友在曼哈顿摩天大楼下长大，经常一起去喝同一种鸡尾酒。回到台北后，他们有了一个想法：开一间盎司鸡尾酒酒吧，一个环境优雅而随意、能为顾客提供经典而美味的鸡尾酒的地方。2012 年他们终于梦想成真。时至今日，在台湾的每一本旅游指南中都会发现“盎司”这个名字。只要知道自己想要找的是什么，就会很容易找到，而不会被第一印象所欺骗。

事实上这是一家咖啡馆的地址，上面写着“放松休闲——意式浓缩咖啡店”（Relax-The Espresso Place），如果碰巧有需要，也可以在此喝杯经典咖啡。但如果你是在寻找这个城市中最美味的鸡尾酒的话，那就得仔细找到那扇通往酒吧的暗门，然后按响门铃方可进入。屋内的装饰简单却令人难忘。盎司酒吧重点关注两件事：其一是鸡尾酒，其二是随意友好的氛围。关于鸡尾酒，酒吧必须始终如一地关注顾客酒杯中鸡尾酒的芳香和风味；氛围的形成则取决于调酒师和顾客的人格魅力。这家酒吧深受当地人的喜爱，在许多商务旅行者和游客中也颇受欢迎，它提供的各种烈酒和酒水饮料是这座城市里的其他酒吧无法企及的。即使是在人气最旺的周末，这里的气氛仍然轻松而友好。

中国，台湾，台北，大安区，信义路 309 段 4 号

电话：+886227037761

ouncetaipei.com

BAR 001

白天，市场上到处是拥挤的人群，整个街区一片喧嚣，林立的摊位前，人群熙熙攘攘。当夜幕降临后，各种喧嚣消失殆尽，香港最迷人的酒吧之一 001 酒吧盛装登场。由于隐藏在一排紧闭的小摊位后面，这家酒吧很容易被忽视，并且黑色大门上除了一个用来认门的黄铜门铃外没有任何标记。然而，顾客一进门便能感受到这家酒吧的魔力。室内装修精致典雅，有精心布置的极具艺术装饰风格的顶灯、浅绿色皮质扶手椅、雅座和优雅的吧台。001 的调酒师们用敏锐的眼光和直觉完美演绎和诠释了顾客的口味，其作品远不止酒单上经常变化的 20 多种鸡尾酒。只要告知你的需求，他们就保证不会令你失望。如果顾客需要多喝一杯，这里有一份高档小吃和共享餐盘的菜单，为顾客提供必要的食物。扬声器中缓缓流出的悠扬的古典爵士乐伴随着顾客们的交谈，营造出一种专属俱乐部的氛围，与香港市中心繁华嘈杂的氛围相去甚远。001 酒吧备受当地人和外来游客的欢迎。它自称是一家现代地下酒吧，并未过度沉溺于 20 世纪 20 年代的怀旧情绪中，却散发出同样的神秘气息。鉴于该酒吧严格遵守的不设站位规定，强烈建议提前预订。

中国，香港，威灵顿街（Wellington Street）97 号

电话：+85228106969

中国，香港，中环，都爹利街（Duddell Street）6号

电话：+85221168949

foxglovehk.com

毛地黄（FOXGLOVE）

很难说香港这家著名酒吧的名字是来自毛地黄花的单纯美丽，还是来自它的两面性和不确定性：控制好剂量可以治病，过量服用则可致命。无论如何，这个名字都为酒吧增添了一丝神秘的魅力。表面上，那些幸运游客找到的是一家雅致的雨伞店，带有银柄的雨伞像收藏家的藏品一样，被精心陈列在壁龛里。穿行其中，按下其中一把“特定”的伞，你会发现自己置身于昔日的豪华氛围中，或身处20世纪50年代的豪华班列上，或置身于这个时期的太空飞船上。干净的线条和鲜明的对比色，再加上摆满了酒的长长的吧台，给人一种秩序感、逻辑感和理性感。一个以“旅行”为主题的房间让人想起老式的火车车厢，而另一个房间则类似电影《夺宝奇兵》（*Indiana Jones and the Last Crusade*）中印第安纳·琼斯（Indiana Jones）和他的父亲试图用以逃离德国的齐柏林飞艇（Zeppelin）的船舱。电影爱好者们可以在船舱里休闲放松。你会立刻爱上这里的高雅和精致，品味到同样高雅和优质的美味鸡尾酒，它们可是伟大的永恒经典与创新演绎的结合。毛地黄酒吧的食物也备受关注：久负盛名的烹饪美食结合了来自不同国家的原材料和技术——换言之，这里是真正的旅行者的厨房。他们的名酒收藏包括蒸馏酒、干邑、白兰地和日本威士忌，其中一些可以追溯到20世纪30年代，或是来自早已关闭多年的酒厂。星期二到星期六酒吧里有现场娱乐节目，多为爵士乐演奏，有时也会有蓝调、灵魂音乐和流行音乐表演。

毛地黄

缅甸，仰光，庆塔达尔镇西干塔尔路

（下街区）[Seil Kan Thar Road (Lower Block) Kyauttadar]，1 楼 93/95

电话：+9597868333847

blindtiger-yangon.com

盲虎（THE BLIND TIGER）

在禁酒时期，在地下酒吧轻声低语无关礼貌，而是必须，低声交谈可以避开警方的注意。2015 年盲虎酒吧开业时是一家真正的地下酒吧。缅甸当时正处在从军人统治到民主政府的政治过渡时期，在这一时期喝酒是合法的，但喝酒时发表政治或宗教观点则会被关进监狱。盲虎酒吧是为数不多的顾客可以自由讨论任何话题的地方之一，只要小点声就没问题。如今缅甸的政治氛围显然更为宽松，然而尽管这家酒吧位于仰光（Yangon）市中心一条繁华的街道上，它的地址已不再是什么秘密，但是要想找到它还需花费一些功夫。四处找找老虎的爪子吧——这是找到酒吧的唯一暗示。

门前的传感器会告诉酒吧员工你的到来。只要他们通过猫眼看你一眼，你就被获准入内，进入既高雅又低调的酒吧。酒吧大厅非常豪华，四面是复古风格的砖墙，墙边摆着桌子和皮扶手椅，还有一个长长的吧台。酒吧经常展出本地画家的前沿艺术作品，吸引了大量顾客前来观赏。然而，调酒师才是这里真正的艺术家。他们精心调制出的鸡尾酒既有世界经典，又有重新演绎的全新饮料。最受欢迎的始终是佩古俱乐部（Pegu Club）鸡尾酒，这是缅甸的一家同名酒吧所研制的一款鸡尾酒。佩古俱乐部于 1882 年开业，主要为来访的英国军官和绅士服务，很快就成为东南亚最著名的旅游胜地之一。如今佩古俱乐部已不复存在，缅甸最酷、最好玩的地方当属盲虎酒吧了，那里已成为有眼光的当地人和好奇的外来游客所构成的国际大都会。

那些不喝酒的人们啊，我为你们感到难过，

因为每天早上醒来的感觉和一天的其他时间并无区别。

——弗兰克·西纳特拉（Frank Sinatra）

盲虎

LIND TIGER

地下酒吧（THE SPEAKEASY）

这家酒吧距离希腊议会所在地宪法广场（Syntagma Squar）不过几百米之遥，但这块区域曾经是雅典（Athens）的历史中心，这里纵横交错的小巷分分钟足以让你迷路。最好是在脸书（Facebook）页面上先来一次虚拟酒吧之旅，以确保地址准确和预订成功。想要进入这个原来不大但最近扩大了的地下酒吧，必须要熟悉路线并提前预订，尤其是在周末的时候。地下酒吧的历史相当复杂。它原本是家正规酒吧，以在雅典北部郊区举办的爵士乐晚会而闻名。2013 年迁至市区中心时，它决定走低调路线，真正做到店如其名。今天，只要走下几级台阶，

希腊，雅典，勒卡路（Lekka）12 号
www.facebook.com/TheSpeakeasyAthens

就会发现自己置身于禁酒时期地下酒吧特有的神秘氛围之中。营造这种氛围的与其说是酒吧的陈设和装饰，不如说是那种少数精英人士找到归属的稍纵即逝的感觉。顾客们一边欣赏着技艺精湛的调酒师施展才华，创作出一系列完美平衡味蕾的杰作，一边开始彼此之间的交流。酒单上的 20 多种鸡尾酒饮料每年都会或多或少有所变化，包括原创酒品，其中很多都是采用自制糖浆、浸液和传统的希腊烈酒如玛斯提哈（Mastiha）调制而成。地下酒吧清楚地传达出这个行业的基本特质，这里的古风（Old Fashioned）鸡尾酒就是一个很好的例证。

苦涩的收获（Bitter Harvest）

黑麦威士忌酒
阿韦尔纳利口酒
朗姆酒浸泡过的西班牙甘椒

· 与冰块混合后，用平底杯上酒。

意大利，那不勒斯，维亚凡涅拉盖塔尼（Via Vannella Gaetani）2 号

电话：+390817645390

古玩店（L'ANTIQUARIO）

曾经有一段时间，那不勒斯（Naples）市中心这条离意大利最著名的海湾只有一箭之遥的街道，因星罗棋布的古董店而闻名于世。的确，我们要找的也正是一家商店，不过是一家带有密室的商店。伪装成古董店的古玩店酒吧实际上是一家秘密酒吧，只需提前预订即可敲门进入，不需要输入密码。进入酒吧后，迎接你的是一个远离城市喧嚣、尽享优品酒饮之地。柔和的灯光、红丝绒沙发，以及随处可见的古典而又新奇的装饰，营造出20世纪20年代特有的优雅而私密的地下酒吧氛围。酒吧各式各样的鸡尾酒时间跨度极大。这里的饮料分为三类：经典鸡尾酒如迈泰（Mai Tai）和圣·瑞吉斯薄荷朱利普（St. Regis Mint Jule）；当代鸡尾酒，如大都会、莫斯科骡子，以及那些打破传统、具有创新精神和前卫特色的新式鸡尾酒。每一款饮料都有自己的起源、文化和历史。对于气泡鸡尾酒爱好者来说，选择香槟的可能性微乎其微。食物菜单也是如此，从熏鲑鱼到伊比利亚（Iberian）的火腿，从坎塔布连海（Cantabrian Sea）的凤尾鱼到鱼子酱，菜单上应有尽有。

在意大利，古玩店酒吧被公认为绝对一流的鸡尾酒酒吧。其经营者亚历山大·福莱查（Alexander Frezza）也是业界声名赫赫的人物之一。

穆拉塔得其利（Mulata Daiquiri）

59 毫升古巴金朗姆酒
20 毫升黑可可甜酒
10 毫升糖浆
30 毫升酸橙汁

· 杯沿周边撒一圈不加糖的可可粉。

MARTINI

A

意大利，罗马，维科罗塞里尼（Vicolo Cellini）30 号

电话：+390696845937

thejerrythomasproject.it

杰里·托马斯计划（JERRY THOMAS PROJECT）

杰里·托马斯计划酒吧以19世纪一位声名赫赫的酒吧调酒师的名字命名，他被公认为美国调酒业的先驱，所著《调酒师指南》（*The Bar-Tender’s Guide*）一书至今仍被视为行业圣经之一。酒吧2009年在罗马开业，是意大利首批地下酒吧的领跑者。酒吧的工作理念也独具匠心：通过调查研究，发现早期的经典鸡尾酒配方需要一个“净化”过程，以去除历代调酒师所做的无数次改动，只有这样才能调制出原汁原味的鸡尾酒，尽管有时调酒师也会融入自己的创意。在酒吧无可争议的成功背后，是对调酒业的深入研究和相关人士的默默奉献。即便是与调酒业相关的边缘学科，比如草药学科，也因此得以发展。这是一种独特的讲故事的天赋，酒吧也会通过这种方式来讲述自己的故事。当然酒吧氛围也是必不可少的。酒吧入口位于罗马市中心的一条幽暗普通的小巷里，靠近纳沃纳广场（Piazza Navona）和费奥里广场（Campo de’Fiori）。门卫通过猫眼询问顾客暗号。暗号是网址上隐藏问题的答案，是随时变化的。酒吧里的座位有限（只有三十几个），其中吧台旁的4把凳子最受顾客欢迎。酒吧每周都会举办几次现场音乐会，特别是“咆哮的20年代”风格的爵士乐，着实为酒吧增色不少。但最与众不同的还是调酒师的精湛技艺，他们高超的调酒技艺和渊博的知识使每一滴鸡尾酒都饱含着内涵和激情。

为调制杰里·托马斯酒吧最负盛名的蓝色夹克（Blue Blazer），

用两个调酒杯来回倾倒燃烧着的威士忌，

形成了一道壮观的火焰弧线。

AVVISO
DELLA CASA DI TOLLERANZA
AI SIG.RI. CLIENTI E
VIETATO MOLESTARE LE
SIGNORINE PRIMA DI
AVERE PAGATO
LA MARCHETTA
LA DIREZIONE

改良版飞行鸡尾酒（Improved Aviation）

鳄鱼杜松子酒
博士味美思（Professore）
奎利亚紫利口酒
薰衣草糖浆
柠檬汁
玫瑰果苦味剂

· 摇匀后倒入鸡尾酒杯。
· 用柠檬皮装饰。

MALKOVICH

马尔科维奇（MALKOVICH）

温斯顿·丘吉尔（Winston Churchill）的名言“一个闷葫芦中的谜中之谜”，是对马尔科维奇酒吧恰如其分的介绍。酒店位于意大利热那亚（Genoa），其地址高度保密。要想在酒吧内占有一席之地，或者在 40 多个有限的座位中拥有一个，就必须提前拨打本页底部的电话。电话无人接听，但你会收到一条带有地址、营业时间和一个问题的短信，如果你能给出答案，就会被获准入内。要想通过这场关于电影细节问题的考验，需要通晓电影的细枝末节，这是酒吧密码问题和鸡尾酒酒单的主旨所在。

2015 年酒吧开业时，其准备工作已经进行了一年多。这里除了酒吧间外还有 3 个房间，老式酒瓶、玻璃杯和摇壶将整个酒吧刻意营造成 20 世纪 30 年代的环境氛围。墙上挂满了著名导演的照片和经典电影海报，酒吧所供饮料让人联想起在无数电影中出现的几百种令人难忘的鸡尾酒。“巫毒萨兹拉克”（Voodoo Sazerac）是唱给新奥尔良鸡尾酒的颂歌，在詹姆斯·邦德（James Bond）的电影《生死与共》（*Live and Let Die*）中名声大噪，该电影场景也设置在新奥尔良；在电影《谋杀绿脚趾》（*The Big Lebowski*）中，督爷（Dude）常喝的“白俄罗斯”（White Russian）也不断衍生出诸多变体。

要找到马尔科维奇酒吧并非易事，但技艺精湛的调酒师和令人神往的氛围会让你觉得一切付出都是值得的，重温电影中的细节也是意趣十足。

意大利，热那亚

电话：+393930110393

malkovich.it

马尔科维奇

APOCALYPSE

WILD TURKEY
BOURBON

作为小型的艺术酒，

今天的鸡尾酒必须更加完美，

不仅要“好喝”，还须“好看”，

如此的重要性排序从未变过。

疯狗社交俱乐部（MAD DOG SOCIAL CLUB）

你可能多次路过却依然错过，除非手头上有地址。门铃上有一只风格独特的黑狗，找到这个标志后，只需向下走几个台阶，似乎就会进入一个地下室。然而并不是这样。

出乎意料的是，你现在置身于一个暖意融融、宾至如归的俱乐部中。该俱乐部2014年开业，目的是改变那些频繁光顾意大利鸡尾酒酒吧之人的“酗酒”恶习。因此，这里既没有斯皮特（spritzes）鸡尾酒，也没有莫吉托（mojitos）鸡尾酒，相反，经典的调酒术和永恒的鸡尾酒被蒙上了一层神秘面纱后重新上桌。酒吧开业之初，只能通过口口相传才能入内。新顾客由老顾客陪同前来，当然还需提前预订。尽管酒吧仍然带有私人俱乐部的氛围，尽管地址仍然比较隐秘难找，但现在进入酒吧相对来说还是比较容易。第一个房间内设有吧台和几个 20 升容量的橡木桶。这些橡木桶的作用是在6—9 个月的时间内升华鸡尾酒的风味，但在都灵（Turin）的传统中，它们是用来陈酿苦艾酒的。正如查尔斯 · 达尔文（Charles Darwin）所说，进化是多么不可思议！

酒吧客人通常为 35 岁左右的年轻人，他们喜欢每周两晚的现场音乐表演。所演奏的曲子多为钢琴曲，曲调低缓柔和。在这种完美的背景音下，顾客之间可以轻声低语，也可以与马特奥 · 卢布福（Matteo Rubuffo）的调酒团队相互交流。谁也不想错过藏在鸡尾酒酒杯里的故事。还有什么比这更令人心驰神往的吗?

意大利，都灵，维亚 · 玛丽亚 · 维多利亚（Via Maria Vittoria）35A

电话：+390118120874

Themaddog.it

疯狗尼格罗尼（Mad Dog Negroni）

38 毫升伦敦干杜松子酒
37 毫升红味美思
博士味美思
30 毫升葡萄柚和洋甘菊浸泡的金巴利
20 毫升法国味美思

· 摇匀过滤。
· 用螺旋状的柠檬皮和橙橘皮加以装饰。

意大利，米兰
1930milano@gmail.com

COCKTAIL

苏格兰灯塔（Lighthouse of Scotland）

44 毫升单一麦芽苏格兰威士忌
7 毫升海水
10 毫升 1930 酒吧特制蒸馏土
44 毫升香草贝尔黑文啤酒糖浆
1 滴牛奶
8 滴芳香苦味剂

拉雅纳（La Jana）

38 毫升添加利金酒
20 毫升新鲜柠檬汁
20 毫升圣哲曼利口酒
20 毫升白利莱酒
薄荷
5 粒白葡萄

· 加入冰块摇匀。
· 入马提尼酒杯。

迪埃·罗特酒吧（DIE ROTE BAR）

绅士服务于其他绅士。这个悦目的具有强烈视觉冲击力的画面足以概括罗特酒吧的魅力。酒吧 1995 年开业，位于一处出售酒精饮料近两百年的公共建筑内。准确地说，该场所卖酒的历史可以追溯到 1824 年。毫无疑问，酒吧外面是不设任何标记的，也从来没有设过标记，只有了解这个酒吧或者至少有它的地址才能找到。找到了这个外观毫无特色的酒吧后，你才能享受到室内柔和的灯光。这里有桌上台灯、引人注目的吊灯，以及一个独具一格的、面板中间点缀着小灯的吧台。尽管气氛随意，酒吧仍然弥漫着一种专属俱乐部的氛围，吸引了来自世界各地的不同客人。他们都喜欢在优雅的氛围中小酌一杯美酒，与来自不同文化背景的人们愉快交谈。酒吧从灯光到陈设都是亮眼的红色主色调，但酒吧员工的白色外套表明，这里的调酒师是在以严谨和简洁而著称的传统学校里习得技艺的。因此，先锋前卫的调酒研究在这里几乎没有施展空间，有时冒险就意味着失败。这里重视的是充分发挥调酒师的高超技术和保证顾客的满意度。除了要求顾客表现出对传统的尊重和对彼此的尊重外，酒吧对客人几乎没啥要求（男士通常不允许穿短裤、背心或海滨服装）。换言之，在传统的男性俱乐部中，绅士之间的相互尊重无须赘言，因为它已深深根植于每个成员的脑海中。迪埃·罗特酒吧已成为法兰克福夜生活的地标。当然啦，如果你也这么认为的话。

德国，法兰克福，主码头街（Mainkai）7 号

info@rotebar.com rotebar.com

柔和的灯光，温暖的色调，微妙的气氛。

许多现代地下酒吧都纷纷将这些特征作为自己的“标签”。

只为让顾客备感温馨。

莱因戈尔德（REINGOLD）

装修豪华的莱因戈尔德酒吧位于柏林市中心米特区（Mitte），与著名的勃兰登堡门（Brandenburg Gate）隔施普雷河（Spree River）相望。酒吧的氛围优雅，吧台很长，灯光幽暗。进入室内后，才会看到墙上装饰的镜子和引人注目的壁画，以及室外壮观的座椅区域。然而从外面看来，酒吧入口与“金光闪闪”的内部豪华装修形成了鲜明的对比，只有标识牌上写着“莱因戈尔德酒吧”，表明这是个可以喝点东西的地方。当然啦，“喝点东西”太过笼统，难以体现出酒吧鸡尾酒的醇美，以及酒吧工作人员的调酒天赋和精湛技艺。柏林近年来已经成为国际夜生活的首选之地，而莱因戈尔德酒吧精致迷人的氛围在这所城市众多的酒吧中脱颖而出。

酒吧酒单上的内容种类繁多，既包括许多对经典的重新诠释，也有许多原汁原味的招牌酒，但如果你在酒单上没有发现心仪之选，就让调酒师来推荐吧，保证会给你带来惊喜。

酒吧空间宽敞，气氛热情友好，豪华扶手椅和沙发能接待大批顾客，长长的吧台则为那些喜欢和调酒师相对而坐的顾客提供了足够的座位。由于该酒吧是这个城市最繁忙的酒吧之一，因此如果想在这里体验乐趣无限、保证品质的柏林夜生活，强烈建议提前预订。

德国，柏林，安东尼大街（Antonistrasse）4号

电话：+493028387676

cms.reingold.de

海盗船（Hispanola Buccaneer）

30 毫升克莱林萨胡斯朗姆酒
15 毫升咖啡利口酒
7 毫升酸葡萄汁
10 毫升雪利甜酒
几滴提基苦味剂

· 摇一摇，加冰上桌。
· 用百里香叶点缀。

贝克特 · 科普夫（BECKETTS KOPF）

在你研究鸡尾酒酒单时，诺贝尔奖得主、作家、剧作家塞缪尔 · 贝克特（Samuel Beckett）盯着你的极具穿透力的眼神可能会让你紧张不安，但不必在意。相反，把兴趣点集中在调酒师身上吧。他敏捷而又严谨的几乎是外科手术般的动作会魔术般地为你献上一杯超级美味的鸡尾酒。贝克特 · 科普夫酒吧的氛围令人放松，服务周到热情，这里有幽暗的灯光、舒适的皮扶手椅，还有一个人人都希望能在家中拥有的豪华吧台。这里的鸡尾酒酒单是对贝克特精神及其作品的致敬。酒单印刷在贝克特戏剧的文稿上，他最著名的戏剧也许就是《等待戈多》（*Waiting for Godot*）吧。各种各样的饮料则根据其特色风味和香气划分为不同的类别。你无须成为鸡尾酒专家或记住饮料单，只要追随自己的想象力或味觉即可。如果你仍难以抉择，知识渊博的调酒师会用他们的专业知识来为你解惑答疑。

酒吧自 2004 年开业以来，始终保持着地下酒吧的私密性和安静的环境氛围。酒吧要求顾客必须遵循几个规则，比如，若在他处已经喝了足够的酒就不许进入；由于酒吧容纳顾客的能力有限，顾客不能成群结队而来等座位。酒吧在挑选烈酒和其他原料时所表现出的谨慎近乎痴狂。由于和酒吧密切合作的是小型生产商和酿酒厂，因此在大多数情况下，酒吧能够对生产的每一个环节进行严密监控。在酒吧的精制作品中，招牌之作是一款“米兰式”（Milano-style）的助消化利口酒。许多鸡尾酒可以追溯到禁酒时代之前，所有的鸡尾酒都用复古玻璃容器盛装。从外面看，除了一个门铃外，没有什么东西可以表明贝克特 · 科普夫酒吧的位置，但走到附近后，就去找这位爱尔兰剧作家的标志性面孔吧，他会指引你顺利找到酒吧的。

德国，柏林，杨树大道（Pappelallee）64 号

info@becketts-kopf.de becketts-kopf.de

COCKTAIL

咸花生古风（Salty Peanut Old Fashioned）

花生和海盐朗姆酒
枫糖浆
苦味剂

滴品酒吧（DRIP BAR）

一次一滴。因为耐心是强者的美德，也因为这是汉堡（Hamburg）这家神秘酒吧闻名遐迩的一大特点。除了地址之外，还有几点有必要说明。一旦找到了正确的街道后，紧接着去寻找一扇门，那扇门乍一看就像涂鸦艺术家的画页。面向街道的窗户上的深色窗帘非常厚重，把内部遮挡得严严实实。门旁有个门铃，可以按铃进入。

入口的另一端才呈现出滴品酒吧的本来面目：一个绝对私密而又热情好客的地方。酒吧共有 35 个座位，满座后会停止接待，因为需要保持酒吧的良好氛围并保证优质服务，这是滴品酒吧的又一大特色。关于第一大特色，我们开篇伊始即已提及。一种早已失传的日本调酒术在酒吧再次时兴起来，尽管耗时太多，但调制出来的饮料妙不可言。吧台后面是一眼看起来好像一个巨大沙漏的冷萃咖啡机，用来制作一种特殊的咖啡。把咖啡置入机器的中间部位，水从顶部渗入咖啡中，然后又一滴一滴地过滤出来。这个过程通常需要 7 个小时，然而，如果使用这些特殊的“沙漏”，则会长达 72 个小时。另一个重要的不同做法是，在这些滴水器中，水被 10 年陈酿朗姆酒代替，咖啡用海盐调味的花生代替，最终调制出风味独特的朗姆酒，它已成为咸花生古风鸡尾酒的招牌原料。同样可以说是招牌的还有甜菜根螺丝锥子（Beetroot Gimlet）鸡尾酒中经红甜菜根过滤而成的伏特加，经木槿花过滤然后加入遗言（Last Word）鸡尾酒中的杜松子酒。在柔和的背景音乐中，看着一滴一滴的琼浆缓缓滴落，直至最后一滴，也是一道胜景啊！

德国，汉堡，Antonistrasse 4

info@dripbar.de

dripbar.de

74号房舍（DOOR 74）

在荷兰阿姆斯特丹（Amsterdam）成千上万家门户中，有一扇神秘之门通往阿姆斯特丹首家具有历史意义的地下酒吧，同时也是荷兰和卢森堡的第一家地下酒吧。自2008年开业以来，每年大批涌向这座城市的游客都严格保守着这个酒吧的秘密。显然如果有酒吧地址的话，找起来会容易一些，但如果想进去，就必须遵守酒吧的规则。首先，必须提前拨打酒吧的预约电话，然后语音留言或是发送短信留下联系方式，静候酒吧员工回电话。最后也是很重要的一点是准时露面。进入酒吧后会有更多的规则需要遵守：抽烟显然是不允许的，打电话、大声喧哗和打扰其他客人也都不可以。奇怪的是，酒吧也不允许戴帽子。除这些规矩外，对那些想要品尝美酒的风趣健谈的人来说，这里确实是一个舒适之地。吧台后面的3个壁龛内陈设的精选烈酒让人眼前一亮， 无论是对经典的重新诠释，还是新酒时代的试验，每一杯鸡尾酒都彰显出酒吧调酒师的出类拔萃。在漂亮的方格锡制天花板下，长长的吧台边摆满了凳子，在这里可以一边啜饮鸡尾酒，一边看着吧台工作人员忙碌。或者可以在皮沙发上稍事休息，或者和约会对象、朋友一起吃饭。光顾这家酒吧的顾客包括老主顾、遍寻著名鸡尾酒酒吧的人，以及只想和朋友共度愉快夜晚的人。不管你属于哪一类，也不管你和谁一起来，74号房舍都是你的最佳选择。

荷兰，阿姆斯特丹，雷古里尔大街（Reguliersdwarsstraat）74 号
电话：+31634045122
door-74.com

以貌取人行不通，外观酒吧似无形，

又或伪装来冒充，

入内方可知真情。

TO BE OR NOT TO BE
IMPERIAL BOHEMIA
MEI LANG FANG
WAYANG SEMAR

BEERS

Albert Cuypstraat 129
The
BUTCHER
EST. 2012
1072 CS AMSTERDAM
BURGER BAR

屠夫（THE BUTCHER）

酒吧名字和窗户上挂着的假公牛都清楚地预示着室内将会带给你什么。实际上，进入屠夫酒吧的人都清楚地知道他们想要什么。真的是这样吗？这取决于他们都知道些什么。是的，这个窗口表明你希望从这里得到一个美味汉堡，一个阿姆斯特丹最好吃的汉堡，然而，如果你知道电话号码和入门暗号的话，你就会知道这个广受欢迎的汉堡店却隐藏着这个运河纵横之城保守最严密的秘密之一。酒吧门平淡无奇，乍一看似乎是个步入式冷冻室，但打开门后，迎接你的是以中央吧台为中心的优雅而迷人的氛围。围坐吧台的大多是一群年轻的品酒行家。

鸡尾酒酒单上有当地调酒师们调制的沁人心脾的宾治（punches）和其他饮料，以及由用陈年木桶酿制而成的蒸馏酒精心制作的魅力难挡的酒种。进入地下酒吧后，顾客也可以坐在天鹅绒沙发上，在昏暗的灯光下用餐，品尝“秘密”厨房精心准备的美食，这可比它久负盛名的汉堡要美味得多。酒吧始终保持低调，其成功多归因于顾客的口口相传和酒吧轻松私密的氛围。

酒吧播放的音乐低沉而不突兀，适合在喝酒时进行谈话，只有到了深夜，酒吧的气氛才会更加活跃一些。俱乐部名义上只对会员开放，会员可以带客人前来，但我们建议给酒吧打个电话（或者试图取悦一下汉堡厨师也不错）。这个酒吧绝对值得前来一试。

荷兰，阿姆斯特丹，艾伯特市场街（Albert Cuypstraat）129 号

电话：+31204707875

吉格尔（JIGGER'S）

在 2012 年开业后的几年里，吉格尔酒吧一直远离公众视线，只有那些知情者才能找到大门，按下门铃，然后进入一个功能齐全的地下室酒吧。然而最近吉格尔酒吧发生了一些变化，地下酒吧变成了一个“吧中之吧”。从街上看，该场所是一个传统的鸡尾酒酒吧，但楼下约定俗成的柔和灯光、令人放松的氛围和大量的木制品装饰共同为酒吧赢得了广泛关注，酒吧因此人气高涨。

吉格尔酒吧的调酒师们喜欢在对经典调酒术的诠释中加入个人演绎。他们经常使用当地

比利时，根特，乌德堡（Oudburg）16 号
电话：+3293357025
jiggers.be

产的配菜、糖浆和浸液，在一定程度上这是酒单频繁变化的原因。

酒吧非常重视传统，顾客来此是为了和好友一起小酌，也许来点背景音乐助兴挺不错，但这里的酒单只供应鸡尾酒，不供应葡萄酒或啤酒。这个选择无疑是正确的，因为这家酒吧的鸡尾酒斩获了许多奖项，享誉全球。吉格尔酒吧还为客人精心打理了一个小花园，舒心怡人的环境更有利于客人之间的交流。

卡胡特（CAHOOTS）

英国伦敦的苏活区（Soho）是名副其实的世界活动中心，每年都吸引着数百万游客在皮卡迪利广场（Piccadilly Circus）的小巷中漫步。在伦敦几乎全年无休的旺季，你听到的不仅仅有英语，甚至可以听到其他任何语言。一度以红灯区闻名的苏活区，如今挤满了剧院、俱乐部、餐厅和酒吧，打造出一种极其生动的夜生活。

最近，这个街区的一条街道上出现了一个标识牌，上书“去往火车站”几个大字。这里曾经是一个地铁站入口，后来该地铁站变身成为一个豪华的鸡尾酒酒吧。自此，卡胡特酒吧就竖起了一个不那么含糊的标识牌，但酒吧本身仍然是个含蓄的半保密性质的场所。它以地下为主题的装饰再现了“二战”后的岁月，当时地铁站仍让伦敦人联想起防空洞；同时，酒吧也展现出胜利精神和新实现的和平带给人们的战后生活乐趣。

这家酒吧仿照火车车厢建造而成，但不用担心，它不会开往任何地方。酒单被设计成类似旧报纸的样子，上面陈列着大量由新鲜原料调制而成的美味鸡尾酒。

从周六下午 1 点开始，卡胡特酒吧就开始供应他们的“微醉野餐”（Squiffy Picnic），一种不错的下午茶，顾客可以一边啜饮鸡尾酒，一边品尝三明治、香肠卷，以及放在经典的野餐篮子里的其他英国特色美食。

英国，伦敦，卡纳比（Carnaby），金利商场（Kingly Court）13号

电话：+442073526200

cahoots-london.com

卡胡特

SPAM
Cahoots

RATION
CORDIAL

卡胡奇古风（Cahooch Old Fashioned）

59 毫升卡胡奇混合酒（盖伊 XO 朗姆酒、
布莱特波旁酒、甜苦艾酒、黑色君度酒）
4 滴卡胡特招牌苦味剂
20 毫升伊扎拉草药（Izarra Herbal）喷雾

瑞典人在城中（Swede in the city）

38 毫升 O.P. 安德森 · 阿夸维特酒

10 毫升伊扎拉黄酒

12 毫升柠檬汁

10 毫升茴香提取物

15 毫升正山小种红茶糖浆

4 颗树莓

COCKTAIL

埃文斯和皮尔（EVANS & PEEL）

酒吧的全称是“埃文斯和皮尔侦探事务所”，它的网站布局看起来似乎是菲利普·马洛（Philip Marlowe）的风格。马洛是个玩世不恭的私家侦探，喜欢抽烟喝酒，是由雷蒙德·钱德勒（Raymond Chandler）创作、亨弗莱·鲍嘉（Humphrey Bogart）主演的电影《长眠不醒》（*The Big Sleep*）中的主人公。“就连门看起来也很像是私家侦探办公室的入口，但门的另一边实际上隐藏着一个名副其实的地下酒吧。”显然，要想进入这家酒吧，除提前预约外，还必须遵守一些规则。潜在顾客必须提交一个造访的理由以供核查，然后接受门卫的询问，这就需要顾客有点想象力和表演天赋。

酒吧内部继续主打地下酒吧特色：裸露的砖墙、复古的装饰和非常柔和的灯光。啤酒放在一个旧冰箱里，瓶装酒用纸袋来盛装，从外面根本看不出来是什么，以便应付警察的突击检查。一旦你进入了禁酒时代的氛围，就可以点酒了。这里的鸡尾酒由才华横溢的调酒师精心制作而成，他们使用大量的烈酒和利口酒（包括一些不为人知的品牌）、基本原料、自制糖浆以及萃取物，为经典配方增添一些有趣的变化。你也可以在该酒吧的餐厅用餐。菜单上有美式小盘菜，可以与最爱的鸡尾酒配搭享用。美酒的诱惑实难抵挡，单是喝上一瓶从冰箱里拿出来的啤酒这一诱惑就令人难以抗拒。

英国，伦敦，伯爵府道（Earls Court Road）310c

电话：+442073733573

evansandpeel.com

卡卢·卡莱（CALLOOH CALLAY）

肖尔迪奇区（Shoreditch）曾经只是伦敦周边极其普通的众多郊区之一，最近却已完美地融入了这座城市，并且成为伦敦最酷炫的社区之一。这里有数百家营业至深夜的酒吧和餐馆，其中最不可错过的是卡卢·卡莱酒吧。它是肖尔迪奇区复兴时期的第一家酒吧，于 2008 年开业。从外部看它并不像一家地下酒吧，但内部氛围复古范儿十足。

柔和的灯光、气派的座椅和一个华丽的硬木吧台，就像自家客厅一样让人感受到一种热情好客的气氛。当然，前提是你喜欢自家客厅。但这里梦幻般的氛围和言论自由也让人感到舒心自在，这里的鸡尾酒显然更是如此。酒吧的名字是对《爱丽丝梦游仙境》（*Alice in Wonderland*）的作者刘易斯·卡罗尔（Lewis Carroll）写的无意义诗《炸脖龙》（*Jabberwocky*）的致敬。卡罗尔的想象力非常丰富，只要看一眼鸡尾酒单，你就会发现那些定期轮换的饮料和出色的调酒师同样富有想象力。杏仁油、东方香料和英国消化饼干只不过是神奇地出现在调酒师手中的一些配料而已。每个月调酒师们都会收到一个神秘的盒子，里面装着一些特殊配料，他们必须使用这些配料来制作出优质美味的饮料。这对他们的业务能力和创造力都是极大的考验，但也激发了卡卢·卡莱酒吧顾客的好奇心，他们发现自己踏上了永无止境的感官享受之旅。

英国，伦敦，瑞文顿街（Rivington Street）65 号

电话：+4402077394781

callohcallaybar.com

COCKTAIL

哈克尼马车（The Hackney Carriage）

布莱特波本威士忌、
黑啤糖浆、焦糖、柠檬汁、
蛋清、甘草和威士忌巴雷尔苦味剂

英国，伦敦，城市路（City Road）129 号

电话：+442072534101

barnightjar.com

夜莺（NIGHTJAR）

一个华丽的、备受赞誉的酒吧，以一种昼伏夜出的鸟儿夜莺命名，“隐藏”在肖尔迪奇区的老街。酒吧的氛围是温馨而又热情的，以木质装修为主。格子天花板、木质镶板吧台、书柜和复古的新鲜物件让酒吧看上去有点像一个公共休息室，顾客可以来这里舒缓工作带来的紧张情绪。也许这就是夜鹰酒吧被认为是世界上最好的酒吧之一的原因吧。当然，也不得不提到鸡尾酒的精致优雅和每晚精选的现场音乐会，更有可能是所有这一切合力共同为酒吧赢得了盛名。

柔和的灯光让人联想起过去的地下酒吧，顾客不由自主地轻声交谈（跳舞也是可以的），饮料也按照不同的主题来分类：禁酒前期、禁酒时期、战后和签约时期。以安东尼奥·佩斯卡托里（Antonio Pescatori）

为首的夜莺酒吧的调酒师可以对经典鸡尾酒进行重新诠释，也可以在自己的招牌饮料中充分发挥创造力。他们使用富有异国情调、鲜为人知的香草和稀有香料，如金黄色的桂花花瓣以及由桂花萃取的甜甜的奶油味香料。桂花生长在中国南方，其抗氧化特性使其在古代医学中很受欢迎。或者是使用能抗炎症的魔鬼爪（Devil’s claw），它生长在从纳米比亚（Namibia）到

南非（South Africa）的广袤的非洲沙漠里。夜莺酒吧的独特之处在于对鸡尾酒和酒吧氛围细节的密切细致的关注。身在其中，你会感觉自己似乎乘着时光机来到了这个充满活力的城市的中心地带。要想找到夜莺酒吧，你必须睁大眼睛仔细寻找。酒吧地址对外公开，但酒吧入口却半隐半显，很难被发现，因为它隐藏在 24 小时营业的咖啡馆大门之间。

许多现代酒吧主打现场音乐表演，

多为爵士乐或摇摆舞曲，

以怀念“咆哮的20年代”和禁酒时期美国生活的历史画卷。

CONCEIVED, DISTILLED & HAND-CRAFTED
ON THE ISLAND OF ISLAY
THE BOTANIST
ISLAY DRY GIN
22
FORAGED ISLAND BOTANICALS

夜莺

Tennessee
HONEY

NIKKA WHISKY
FROM
THE BARREL
明石

TEQUILA
CABEZA

JOHNNIE WALKER
RESERVE

盲猪（THE BLIND PIG）

“盲猪”是对美国禁酒时期出售非法酒饮料场所的别称，通常用来指代那些名声不好的低劣的地下酒吧。苏活区一直以来都是伦敦的夜生活中心，有自己的盲猪酒吧，但它并没有什么不光彩的名声。走在砵兰大街（Poland Street）上时，人们会很容易与它擦肩而过，但尽管如此，它所在的位置使它成为爱好夜生活的人们经常出没的地方。事实上，它坐落在供应当地美食的著名的“社交餐厅”（Social Eating House）之上， 但盲猪酒吧本身就很值得一去。

到达盲猪酒吧附近时，寻找一个写着“眼镜商”（Optician）的标识牌。在标识牌的不远处有一扇门，门上有个黄铜门环，形状像一只蒙着眼睛的小猪——这清楚地表明你已到达目的地。

酒吧装修以木材为主，使人联想起20世纪20年代地下酒吧的风格和氛围：漂亮的方格天花板、铜面吧台、豪华皮沙发和数不清的镜子。如果这种氛围让你联想起了昔日的绅士俱乐部，那么充满双关寓意的酒单则以其巧妙和精致给你带来惊喜。世界各地家喻户晓的儿童故事是许多饮料制作的灵感来源，如根据《小熊维尼》（*Winnie the Pooh*）制作而成的“蜂蜜罐”（Hunny Pot）。盲猪酒吧的调酒师绝对是行业专家，在别出心裁的选材和非同寻常的作品上都充分体现出非凡的创造力。

英国，伦敦，砵兰大街 58 号

电话：+442079933251

socialeatinghouse.com

Dream Jar
Ketel One vodka
Swedish punsch
lemon
oregano
vanilla
egg white
10.50

COCKTAIL

卡昂·卡昂（Caen Caen）

38 毫升卡巴多·劳里斯顿开胃酒（苹果白兰地酒）

20 毫升开胃酒 30 和 40

38 毫升鲜苹果汁

15 毫升单糖浆

3 滴香草苦味剂

以姜汁汽水装饰顶部

月光（MOONSHINER）

在禁酒时期，生产、销售和消费酒精都是非法的，但利口酒和啤酒还是和以往一样比较容易获得。这一时期生意最兴隆的行业之一就是“酿造私酒”（moonshine）。私酿者们通常避开他人，尤其是有关当局的视线，借着月光私酿烈酒，该酒故因此而得名。这项工作很辛苦，可能回报也不丰厚，但随着时间的推移，它被笼罩上了一种浪漫和惊险的色彩，这就是今天人们心目中联想到的与禁酒有关的形象。正因为如此，“月光威士忌”和“私酒酿造者”这两个词对酷爱饮酒的人们来说是如此美妙。

2013 年，巴黎的月光酒吧开业时，受到了广大顾客的欢迎和喜爱。酒吧地址无人不知，但当你到达塞代纳街（Rue Sedaine）5 号时，你可能会以为自己被愚弄了。因为你看到的不是酒吧，而是一家专卖意大利食品和比萨的大维托酒店（Da Vito）。无须担心，只需对比萨店的工作人员微笑一下，说出密码“比萨店”，然后打开暗门进入密室即可。

月光酒吧的室内装饰风格与比萨店完全不同。精致的镶木天花板、裸露的墙砖、带有背光式酒瓶架的吧台，光这些就足以让那些滴酒不沾的人也想喝上一杯了。月光酒吧有上百种威士忌可供选择。调酒师们不停地用各种各样的新鲜原料调制出无数款不同种类的鸡尾酒，但他们对 20 世纪 20 年代的经典之作尤为偏爱。这也不难理解，因为整个酒吧营造的就是“咆哮的 20 年代”氛围。

傍晚时分顾客较少，你可以尽情享受美味的鸡尾酒和宁静的氛围。随着夜幕降临，形形色色的顾客粉墨登场，大家在优雅迷人的环境中一起品鉴美味的鸡尾酒，并愉快地聊天。

法国，巴黎，塞代纳街 5 号

电话：+33950731299

小红门（LITTLE RED DOOR）

“门”的含义可能有许多。显然可以指一扇门，也可以指一个通道，或一个分界线，它将门的另一边的秘密隐藏其后。诗人威廉·布莱克（William Blake）写道：“如果知觉之门得到净化，万事将层出不穷。”英国作家奥尔德斯·赫胥黎（Aldous Huxley）也提到了“门”的象征作用，同样提到了“门”的象征意义的还有号称“蜥蜴王”（Lizard King）的著名的大门摇滚乐队主唱和灵魂人物吉姆·莫里森（Jim Morrison）。所有这些观点绝没有低估门的作用，尤其是大红色的、纯良无害的门。在巴黎，有一扇小红门可以把你带入仙境，像爱丽丝（Alice）的奇遇仙境一样。这是一家富有情调的酒吧，在那里你可以品尝到精美绝伦的鸡尾酒。小红门酒吧在 2012 年开业，它始终以为顾客供应最经典美味的鸡尾酒为己任。

法国，巴黎，夏洛特路（Rue Charlot）60 号

电话：+33142711932

lrdparis.com

酒吧的氛围让人联想到一个精心修复的地下室：墙壁看起来还是原始状态，一边是裸露的砖块，另一边是白色的石头。这是一个新老顾客私下聚会的秘密场所，是个地地道道的地下酒吧，这是该酒吧给人的第一印象。酒吧的双吧台边摆满了豪华的天鹅绒凳子，适合顾客在此逗留一番。这家酒吧是巴黎人的最爱，自开业以来，它也吸引了许多来巴黎小住的外国游客光顾。酒吧主人认为酒吧可谓“业界中心”，每个人都能在酒单上找到适合自己的鸡尾酒。这里有备受欢迎的经典鸡尾酒，还有一系列富含创意的新酒种，只需询问酒吧工作人员即可。最好是面带微笑，微笑在这里特受欢迎，说不定还会给你带来丰厚回报。

法国，巴黎，圣德尼斯街（Rue du Faubourg Saint-Denis）51号

电话：+33986262472

syndicatcocktailclub.com

辛迪加（LE SYNDICAT）

不要被酒吧的外观所迷惑，不要被油漆喷画涂鸦或者覆盖在上面的许多海报所愚弄。其外观很容易让人误认为这是一座废弃的、被城市反叛者所占据的建筑物。酒吧名字“辛迪加”也验证了这种叛逆感，更重要的是，这里还是“保卫法国烈酒”（Defense of French Spirits）总部所在地。如你所料，这里的烈酒刚好是你想要喝的口味。进入室内后，长长的窗帘以及调酒师们激情澎湃而精心调制的各种完美搭配的饮料会让你不知不觉地沉浸到产生无限遐想的氛围中。酒吧的座右铭是“保卫法国的烈酒”（Organisation de defense des spiritueux francais）。他们的确也只供应法国酒。

酒吧的天花板上覆盖着一层吸音材料，给人一种“革命巢穴”的感觉。辛迪加酒吧从下午 6 点到凌晨 2 点营业，每周 7 天天天如此。酒吧似乎是双面人生的写照，什么样的人生取决于你位于门的哪一边。酒吧的顾客普遍认为它是一家地下酒吧，因为从酒吧外部很难想象内部的样子。酒吧创始人罗曼 · 勒 · 穆埃利奇（Romain Le Mouellic）和沙利文 · 杜赫（Sullivan Doh）称该酒吧为“变色龙”，由于藏身于工薪阶层居住区，远离他人的视线，酒吧能够很好地掩饰和保护自己。但是人们对它的看法并不重要。要进入酒吧并不需要密码或暗号，也不需要询问秘密问题，只需记住“不要以貌取人”这句谚语，然后专注于周围的美好氛围，还有门上的海报和喷漆涂鸦。

COCKTAIL

法国古风（Le Vieil Hexagone）

30 毫升法国金酒
30 毫升渣酿白兰地
20 毫升衣扎拉酒
20 毫升法国味美思
1 滴苦艾酒

· 把所有材料都放在调酒杯中搅拌摇匀，然后上桌。

法国，巴黎，勒内贝克大街（Rue Ren é Boulanger）30 号

lavomatic.paris

自助洗衣房（LAVOMATIC）

毫无疑问，自助洗衣房酒吧是世界上最具吸引力的自助洗衣店。酒吧的确名副其实，但投币式洗衣机和烘干机不是为了洗脏衣服，而是需要顾客仔细观察，找到正确的按钮来打开通往巴黎最隐秘酒吧之一的神秘之门。自助洗衣房酒吧自 2015 年开业后不久就成了城中夜猫子们最爱去的地方。

酒吧入口和门面设计非常新颖有趣，内部陈设简单雅致，给人的感觉就像是那种朋友们会顺便过来喝上一杯鸡尾酒或有机葡萄酒的普通公寓。这里的鸡尾酒和酒吧的装饰一样引人注目。一切都无须事先准备，相反，所有的一切比如糖浆、浸液和萃取液都由酒吧自制，经过充分研究后精心调制出构思巧妙、与众不同的鸡尾酒。

灯火辉煌、色彩斑斓的酒吧位于楼上，凳子被设计成了洗涤剂盒子的形状，这样的细节让你感觉仿佛来到了朋友家里一般随意。来光顾的客人形形色色，但他们对天然原料和饮料的热爱是相同的，这也正是调酒业的根本所在。可以确信的是，如果每个社区的自助洗衣店都像自助洗衣房酒吧一样就好了。

COCKTAIL

解毒（Detoxomatic）

亨德里克金酒

菠萝汁

甜菜汁

芦荟汁

枸杞

蛋清

甜菜根、小茴香和四川胡椒

LAVOMATIC

PARADISO

天堂（PARADISO）

天堂酒吧的妙处之一在于你在这里可以享受到多种乐趣。有些人会停下来品尝熏牛肉三明治，有些人则打开宽大的“冰箱门”，走进温馨的木质装修的地下酒吧。酒吧内部风格与外间熟食店的白瓷砖墙形成鲜明对比，温馨的装饰映衬出酒吧的新颖别致。天花板和墙壁上装饰有道道木条，让人感觉好像置身于一个活生生的大型史前动物体内。瓶架是对伦敦“萨伏伊酒店的美国吧”（American Bar at the Savoy）的致意，吧台则是卡拉拉（Carrara）大理石材质。由意大利调酒师贾科莫·詹诺蒂（Giacomo Giannotti）手工调制的鸡尾酒，充分展示出调酒师的专业知识、创造性天赋和意欲一鸣惊人的创作激情。对美学细节的鉴赏力使酒吧的招牌鸡尾酒成为名副其实的艺术品，有时还带有一丝有趣的挑衅。

天堂酒吧绝对具有成为加泰罗尼亚（Catalana）景区必看景点之一的潜质。因此，自2015 年 12 月 17 日开业以来，酒吧一直广受欢迎，这似乎是理所当然的。酒吧较强的私密性和良好的口碑、詹诺蒂的美名在外（他可是 2014 年“西班牙最佳鸡尾酒调酒师”称号的获得者），以及城中最美味的熏牛肉，所有这一切使得酒吧成为名副其实的“天堂”。要品尝到精致美味的鸡尾酒，只需打开通往“天堂”的正确的“门”……是的，这里就是天堂。

西班牙，巴塞罗那，卡勒·德·拉·帕劳大街（Carrer de Rera Palau）4 号

电话：+34933607222

paradiso.cat

COCKTAIL

地中海宝藏（Mediterranean Treasure）

卡泰尔 1 号伏特加
用牡蛎叶浸泡的雪利酒
接骨木花利口酒
柠檬汁
地中海蜂蜜
香菜叶
蛋清

· 摇匀后过滤，以贝壳为容器，在边缘撒上烟熏海盐和用于烹饪的地中海草本植物，如百里香、迷迭香等，然后上桌。

如果看到你点的美酒用玻璃管、
贝壳或蛋形容器盛装上桌，
请不要惊讶……

人物简介

莫里吉奥·马埃斯特雷利，职业记者和作家，从事酒精饮料领域的写作已有20多年，对啤酒和烈酒有着强烈的爱好。他的文章曾经发表在《啤酒世界》（*Il Mondo della Birra*）、《大红虾》（*Gambero Rosso*）、《德孚》（*Dove*）等期刊，以及意大利伦巴第地区侍酒师协会（Italian Association of Sommeliers of the Lombardy Region）的经济与贸易专业期刊上。他撰写了许多关于啤酒的专著，最新的一本为《汤玛斯·哈代爱尔啤酒：故事和传说》（*Thomas Hardy's Ale: The Story, The Legend*），他还与斯蒂芬·博蒙特（Stephen Beaumont）和蒂姆·韦伯（Tim Webb）合作编写了《袖珍啤酒手册》（*The Pocket Beer Book*）一书。在这本新书中，作者首次涉足鸡尾酒领域，一种老派的写作风格和气息扑面而来。

塞缪尔·安布罗斯是意大利"特雷维索衣帽间鸡尾酒实验室"（Cloakroom Cocktail Lab in Treviso）的老板和调酒总管，还担任意大利调酒师协会（The Italian Association of Bartenders）顾问。2004年，他赢得了国家级比赛安杰洛·佐拉（Angelo Zola Competition）比赛，2005年在新加坡斩获更高奖项"老鹰奖"（Eagle Award），同年在于南亚进行的比赛中高居榜首。2008年，他在诺曼底（Normandy）被授予"国际卡尔瓦多斯奖"（International Calvados Trophy）。现任意大利调酒师协会和金巴利学院（Campari Academy）讲师，并在多家行业企业担任顾问。有任何关于杜松子酒的问题敬请咨询，他会有问必答。

致　谢

每一位优秀的作者都知道，他/她的每一本著作都离不开他人的支持。在这里，我要特别感谢三个人：劳拉·艾科马索（Laura Accomazzo），感谢她选择了我的作品，并且作为我的作品的编辑，她从未表现出焦虑，这是多么难得的职业操守；感谢塞缪尔·安布罗斯，是他重新点燃了我对鸡尾酒的激情，在这个迷人而复杂的研究话题中，他给我提供了数不尽的信息和有趣之事；最后我想感谢我的妻子、伙伴和同事瓦伦蒂娜（Valentina），是她给了我坚持下去直至完成目标的信念和勇气。

最后，但也是很重要的一点，我要向在编写这本书的工作中遇到并倾听其教诲的许多调酒师表示感谢。你们将自己浓浓的情感融入晶莹的酒杯中，为此我将永远心存感念。

莫里吉奥·马埃斯特雷利

图片版权

Page 3 Courtesy of Alberto Blasetti and Martina Monopoli
Pages 10-11 American Stock/Getty Images
Page 13 Hulton Archive/Getty Images
Page 18 Bettmann/Getty Images
Page 19 Bettmann/Getty Images
Page 20 Margaret Bourke-White/The LIFE Images Collection/Getty Images
Page 21 Ewing Galloway/ullstein bild/Getty Images
Page 22 Bettmann/Getty Images
Page 24 Science History Images/Alamy Stock Photo/IPA
Page 25 Hulton Archive/Getty Images
Page 26 NY Daily News Archive/Getty Images
Page 27 FPG/Hulton Archive/Getty Images
Page 28 Bettmann/Getty Images
Pages 28-29 Edgar/NY Daily News Archive/Getty Images
Page 31 Vintage Images/Alamy Stock Photo/IPA
Pages 34-35 Spaarnestad Photo / Bridgeman Images
Pages 36-37 dpa picture alliance/Alamy Stock Photo/IPA
The Back Room
Pages 38-41 Courtesy of Troy Hahn
Employees Only
Pages 42-43 Joshua Lutz/Redux/Contrasto
Page 44 Billy Farrell/Patrick McMullan/Getty Images
Page 45 left and top Joshua Lutz/Redux/Contrasto
Page 45 bottom JOHN TAGGART/The New York Times/Contrasto
PDT
Pages 46-47 Joshua Lutz/Redux/Contrasto
Pages 48-49 top from the left Michael Mohr/Redux/Contrasto, Joshua Lutz/Redux/Contrasto, Jin Lee/Bloomberg/Getty Images, Jin Lee/Bloomberg/Getty Images, Jin Lee/Bloomberg/Getty, Joshua Lutz/Redux/Contrasto, Joshua Lutz/Redux/Contrasto
Raines Law Room
Pages 50-51 Courtesy of Raines Law Room
Pages 52-53 Courtesy of Raines Law Room
Dear Irving
Pages 54-55 Courtesy of Dear Irving
Le 4e Mur
Pages 56-57 Courtesy of Le 4e Mur
The Violet Hour
Pages 58-59 Courtesy of Michael Robinson
Williams & Graham
Page 60 AAron Ontiveroz/The Denver Post/Getty Images
Pages 62-63 top from the left AAron Ontiveroz/The Denver Post/Getty Images, AAron Ontiveroz/The Denver Post/Getty Images, Denver Post Photo by Cyrus McCrimmon/Getty Images, AAron Ontiveroz/The Denver Post/Getty Images, Denver Post Photo by Cyrus McCrimmon/Getty Images, AAron Ontiveroz/The Denver Post/Getty Images, AAron Ontiveroz/The Denver Post/Getty Images, AAron Ontiveroz/The Denver Post/Getty Images
Page 64 Denver Post Photo by Cyrus McCrimmon/Getty Images
Circa 33
Pages 66-69 Courtesy of Brady Kennedy
Bourbon & Branch
Pages 70-73 Courtesy of Bourbon & Branch
The Laundry Room
Pages 74-77 Courtesy of the, Anthony Mair, Charles Sicuso, The Laundry Room
The Del Monte Speakeasy
Pages 78-81 Courtesy of Del Monte Speakeasy
Noble Experiment
Pages 82-85 Courtesy of Zack Benson
Jules Basement
Pages 86-91 Courtesy of Jules Basement
Eau de Vie
Pages 92-97 All photographs are by Peter Czeczon
Bar Nayuta
Pages 98-101 Courtesy of Bar Nayuta
Ounce
Pages 102-103 CHANGKO-CHIH, Sean Marc Lee, Sean Marc Lee, Sean Marc Lee, Sean Marc Lee, Sean Marc Lee
OO1
Pages 104-105 Courtesy of 001
Fox Glove
Pages 110-113 Courtesy of Fox Glove
The Blind Tiger
Page 114-115 Courtesy of The Blind Tiger Yangon
The Speakeasy
Pages 116-117 top from the left Courtesy of Olympia Orneraki, Maria Irene Moschonas, Maria Irene Moschonas, Maria Irene Moschonas,
Pages 118-119 Courtesy of Maria Irene Moschonas
L'Antiquario
Pages 120-123 Courtesy of Paola Tufo
Jerry Thomas Project
Pages 124-129 Courtesy of Alberto Blasetti and Martina Monopoli
Malkovich
Pages 130-135 Courtesy of Paolo Puccini
Mad Dog Social Club
Pages 136-139 Courtesy of Vanessa Cuda and Omar Tomaino 1930
Pages 140-143 Courtesy of Alessandro Cargnoni
The Parlour
Page 144 Courtesy of The Parlour
Die Rote Bar
Page 146 Courtesy of Die Rote Bar
Reingold
Page 148 Courtesy of Reingold
Becketts Kopf
Page 150 Courtesy of Becketts Kopf
Drip Bar
Page 152 Courtesy of Drip Bar
Door 74
Pages 154-157 Courtesy of Erik Kleinberg
The Butcher
Pages 158-159 Courtesy of The Butcher
Jigger's
Pages 160-161 Courtesy of Zaza Bertrand
Cahoots
Pagg, 162-167 Courtesy of Cahoots - Inception Group
Evans & Peel
Pages 168-169 Courtesy of Evans and Peel
Calloh Callay
Pages 170-173 Courtesy of Addie Chinn
Nightjar
Pages 174-175 Courtesy of Max Oppenhiem
Page 175 Courtesy of Alys Tomlinson
Pages 176-177 top from the left Courtesy of Jerome Courtial, Jerome Courtial, Max Oppenhiem, Dan Malpass, Nightjar, Nightjar, Rebecca Little
Pages 178-179 top from the left Courtesy of Alys Tomlinson, Addie Chinn, Alys Tomlinson, Alys Tomlinson, Addie Chinn, Addie Chinn
The Blind Pig
Pages 182-185 Courtesy of The Blind Pig
Moonshiner
Page 186 Courtesy of Moonshiner
Little Red Door
Pages 188-189 Courtesy of Tom Mcgeehan & Maxime Prangé
Le Syndicat
Pages 190-193 Courtesy of Francois Xavier Pelissier
Lavomatic
Pages 194-197 Courtesy of Vgroupe
Paradiso
Pages 198-201 Courtesy of Andre Sousa, Martin Mendez and Martin Mayas

封面：Courtesy of Paola Tufo
封底：Vintage Images/Alamy Stock Photo/IPA

图书在版编目（CIP）数据

地下酒吧的前世今生 /（意）莫里吉奥·马埃斯特雷利著；左燕茹译．-- 北京：中国摄影出版传媒有限责任公司，2019.4

书名原文：Speakeasy: Secret Bars Around the World

ISBN 978-7-5179-0865-4

Ⅰ．①地…　Ⅱ．①莫…　②左…　Ⅲ．①酒吧—介绍—世界　Ⅳ．① F719.3

中国版本图书馆 CIP 数据核字 (2019) 第 115561 号

北京市版权局著作权合同登记章图字：01-2018-5717 号

WHITE STAR PUBLISHERS

WS White Star Publishers® is a registered trademark property of White Star s.r.l.

2018 White Star s.r.l.

Piazzale Luigi Cadorna, 6

20123 Milan, Italy

地下酒吧的前世今生

作　　者：[意] 莫里吉奥·马埃斯特雷利
译　　者：左燕茹
出 品 人：高　扬
策划编辑：张　韵
责任编辑：丁　雪
装帧设计：胡佳南
出　　版：中国摄影出版传媒有限责任公司（中国摄影出版社）
　　　　　地址：北京市东城区东四十二条 48 号　邮编：100007
　　　　　发行部：010-65136125　65280977
　　　　　网址：www.cpph.com
　　　　　邮箱：distribution@cpph.com
印　　刷：北京汇瑞嘉合文化发展有限公司
开　　本：32 开
印　　张：6.5
版　　次：2019 年 7 月第 1 版
印　　次：2019 年 7 月第 1 次印刷
ISBN 978-7-5179-0865-4
定　　价：69.00 元